Bundesverband Gedächtnistraining e.V.
lust auf evaluation
Informations- und Arbeitsmappe
zur Evaluation im Gedächtnistraining

**Bundesverband
Gedächtnis-
training e.V.**

lust auf
evaluation

**Informations- und Arbeitsmappe
zur Evaluation im Gedächtnistraining**
entstanden aus einer Zusammenarbeit
des Bundesverbands Gedächtnistraining e.V.
und der Universität Heidelberg

Verlag Susanne Gassen
Reiskirchen

Impressum

Bibliografische Information Der Deutschen Bibliothek
Die Deutsche Bibliothek verzeichnet diese Publikation in der Deutschen Nationalbibliografie; detaillierte bibliografische Daten sind im Internet über http://dnb.ddb.de abrufbar.

Das Werk, einschließlich aller seiner Teile, ist urheberrechtlich geschützt. Jede Verwertung außerhalb der engen Grenzen des Urheberrechtsgesetzes ist ohne Zustimmung des Bundesverbandes Gedächtnistraining e.V. unzulässig und strafbar. Das gilt insbesondere für Vervielfältigungen, Übersetzungen, Mikroverfilmungen und die Einspeicherung und Verarbeitung in elektronischen Systemen.

1. Auflage März 2005

© Copyright 2005 by
Bundesverband Gedächtnistraining e.V.
Geschäftsstelle: Friedensweg 3, 57462 Olpe-Dahl
Internet: www.bvgt.de
Herausgeber: Bundesverband Gedächtnistraining e.V.

Druck und Verarbeitung: Reinhold Schaefers, Morsbach
Umschlaggestaltung: www.designunit.de
Gestaltung der Innenseiten: Yves Bellon
Verlag Susanne Gassen, Lindenau 4, 35447 Reiskirchen
Printed in Germany 2005

ISBN 3-934684-34-3

Inhalt

- **4** Grußwort (Prof. Dr. Hans-Georg Nehen)
- **5** Grußwort (Prof. Dr. Mike Martin)

- **6** **I. Grundlagen zur Evaluation**
- **6** 1 Was ist Evaluation?
- **11** 2 Forschungsprojekt
- **12**   2.1 Idee und Konzeption
- **14**   2.2 Durchführung
- **15**   2.3 Ergebnisse
- **17** 3 Lust auf Evaluation – zum Umgang mit diesem Buch

- **19** **II. Modelle aus der Praxis für die Praxis**
  Ideen aus den Arbeiten von Ausbildungsreferentinnen (Jan. 03 bis Okt. 03) zum Thema: „Entwickeln und beschreiben Sie ein Training mit Evaluation für eine bestimmte Zielgruppe zu einem der Ansätze des Ganzheitlichen Gedächtnistrainings."
  (a) Zielgruppenbeschreibung
  (b) Ausgewählter Ansatz des Ganzheitlichen Gedächtnistrainings
  (c) Trainingsbeschreibung
  (d) Evaluation
  (e) Persönliche Erfahrung
  (f) Kommentar

- **66** **III. Vollständig ausgewählte Arbeiten**
- **67** 1 Originalarbeit von Andrea Friese
- **99** 2 Originalarbeit von Friederike Müller
- **110** 3 Originalarbeit von Hedwig Zaeck

- **125** **IV. Glossar**

Grusswort zum Handbuch *Lust auf Evaluation*

Prof. Dr. Hans Georg Nehen

Der Bundesverband Gedächtnistraining e.V. (BVGT) befindet sich im Jahr 2004 in einer rasanten Entwicklung. Das zeigt sich u.a. im Mitgliederzuwachs (ca. 2000), gut besuchten Ausbildungslehrgängen, interessanten Fort- und Weiterbildungen und z.B. im Jahr 2003 in der Qualifizierung von 19 Ausbildungsreferentinnen.

Der Verband ist lebendig und leistet einen wichtigen Beitrag für die Gesellschaft sowohl in der Prävention als auch in der Rehabilitation.

Beirat und Vorstand des BVGT sind bestrebt, die qualitative Arbeit der GedächtnistrainerInnen zu erfassen und zu fördern.

In Zusammenarbeit mit der Uni Heidelberg wurde Trainingsforschung durchgeführt.

Dieses Handbuch *Lust auf Evaluation* soll

a) zur Evaluation ermutigen – konkret: Wissenschaft und Praxis miteinander zu verbinden,

b) verdeutlichen, dass Evaluation in die tägliche Gedächtnistrainingsarbeit integriert werden kann,

c) zeigen, dass Evaluation sowohl mit einzelnen Personen als auch in der Gruppe durchgeführt werden kann und geeignet ist für Jung und Alt, und schließlich

d) zu größerer Professionalität anregen, d.h., den MitarbeiternInnen des BVGT soll bewusst werden, dass Evaluation zu einem professionellen Arbeiten gehören muss.

Der Bundesverband Gedächtnistraining begibt sich damit auf interessante, notwendige und wichtige Wege, die zu mehr Qualität in Ausbildung und Anwendung des Gedächtnistrainings führen werden.

In diesem Sinne wünsche ich den Lesern und Leserinnen des Handbuches

„Lust auf Evaluation".

Prof. H.-G. Nehen, Leiter der Memory Klinik & Vorsitzender des BVGT

Essen, Oktober 2004

Grusswort zum Handbuch *Lust auf Evaluation*
Prof. Dr. Mike Martin

Gedächtnistrainings sind ein wichtiges Bindeglied zwischen der Grundlagenforschung und den Anforderungen praktischer Altersarbeit. Die empirische Grundlagenforschung liefert dabei wichtige Erkenntnisse über die Ursachen von Alternsveränderungen. Gleichzeitig kann man mit Hilfe von Studiendaten Aussagen über die Größe prinzipiell erzielbarer Interventionserfolge durch gezielte Trainingsmaßnahmen ableiten. Aber erst methodisch und inhaltlich fundierte Evaluationsstudien erlauben eine Abschätzung des Einflusses von alltäglichen Rahmenbedingungen auf die Trainingswirkung. Sie können dazu beitragen, die Bestandteile des Trainings zu verbessern, die am stärksten zur gewünschten Wirkung beitragen und somit zu sachlich fundierten und wohl informierten Entscheidungen bei der Auswahl von Trainingselementen beitragen. Ich bin sicher, dass das hier vorliegende Handbuch dabei hilft, die gegenüber Evaluationen bestehenden Befürchtungen zu verringern, beispielsweise, indem deutlich wird, dass die EvaluatorInnen selbst festlegen können, was Gegenstand der Wirkungsprüfung sein soll, oder indem die Ergebnisse konstruktiv in die Gestaltung und Vermarktung weiterer Trainings einfließen. Die Bemühung um eine kontinuierliche Qualitätsverbesserung der vom BVGT durchgeführten Gedächtnistrainings ist ebenso beeindruckend wie unerlässlich für die Erhöhung der Akzeptanz von Gedächtnistrainings als attraktivem Teil präventiver wie rehabilitativer Gesundheitsförderung. Ich wünsche den Leserinnen und Lesern Freude und Gewinn für die tägliche Trainingspraxis mit diesem Handbuch.

Prof. Dr. M. Martin, Leiter des Lehrstuhls Gerontopsychologie des Instituts für Psychologie, Universität Zürich
Zürich, Oktober 2004

I. Grundlagen zur Evaluation (Yves Bellon, M.A.)

1 Was ist Evaluation?

Den Begriff Evaluation oder aber einen der häufig synonym verwandten Begriffe wie Erfolgs-, Wirkungs- und Qualitätskontrolle bzw. Begleit-, Effizienz- und Wirkungsforschung haben viele sicher schon in den unterschiedlichsten Zusammenhängen gehört. Dennoch ist es schwierig, eine abstrakte und zugleich umfassende Definition von Evaluation zu finden. Schon 1976 behaupteten Franklin und Trasher (zit. in Wottawa & Thierau, 2003[1]), zwei Wissenschaftler, die sich mit diesem Thema auseinander gesetzt haben, dass es wohl annähernd so viele Definitionen von Evaluation gibt wie Evaluatoren.[2] Das Problem bei der Definition liegt darin, dass Evaluation eine ganze Menge möglicher Verhaltens- und Herangehensweisen umfasst. Wottawa und Thierau (2003) gehen angesichts der großen Definitionsvielfalt den Weg, anstelle einer weiteren Definition wesentliche Kriterien von Evaluation anzugeben.

> Demzufolge beschreibt Evaluation eine Tätigkeit, die etwas mit Bewerten zu tun hat, also als Planungs- und Entscheidungshilfe dient und Aussagen über verschiedene Handlungsalternativen trifft. Weiterhin ist Evaluation ziel- und zweckorientiert. Sie hat also zum Ziel, praktische Maßnahmen zu überprüfen, zu verbessern oder über sie zu entscheiden. Schließlich muss Evaluation nach bestimmten Kriterien und mit geeigneten Techniken durchgeführt werden.

Nun ist diese Beschreibung von Evaluation nicht sehr konkret, hat aber den Vorteil, dass sie auf viele verschiedene Verhaltensformen anwendbar ist. Man könnte z.B. behaupten, dass Evaluation etwas sehr Alltägliches ist. Jeder evaluiert ständig und immerzu, denn man ist selbstverständlich häufiger verschiedenen Handlungsalternativen ausgesetzt und muss sich für eine davon entscheiden. Diese Entscheidung trifft man nach mehr oder weniger bewusster Abwägung oder Bewertung der einzelnen Möglichkeiten. Also hat man hier doch schon evaluiert. Diese Form der Evaluation – die **Alltagsevaluation** – bewertet irgendetwas irgendwie nach irgendwelchen Kriterien. Demzufolge wäre jeder ein Evaluator und man müsste kein Buch mehr zu diesem Thema schreiben, da wir alle gut

> Alltagsevaluation: Irgendetwas wird irgendwie nach irgendwelchen Kriterien bewertet.

---

[1] Wottawa, H. & Thierau, H. (2003). *Lehrbuch Evaluation*. Göttingen: Huber.

[2] Dieser Text bedient sich aus Gründen der besseren Lesbarkeit in der Regel der maskulinen Wortform. Dies geschieht ausschließlich aus sprachästhetischen Gründen und soll keine Zurücksetzung des weiblichen Geschlechts darstellen. Eine Ausnahme dieser Regel bildet das Wort „Gedächtnistrainerin". Hier wird die weibliche Form bevorzugt, da in dieser Gruppe deutlich mehr Frauen als Männer vertreten sind. Auch hier ist keine Zurücksetzug des männlichen Geschlechts beabsichtigt – eher im Gegenteil: Es wäre zu begrüßen, wenn einige Männer durch diese Regelung angespornt würden, die Profession des Gedächtnistrainers zu erlernen.

geübte Experten sind. Dass dem nicht so ist, erkennen Sie zum einen daran, dass es dieses Buch gibt, und zum anderen an dem letzten Kriterium von Wottawa und Thierau. Da wird verlangt, dass Evaluation nach bestimmten Kriterien und mit geeigneten Techniken durchgeführt werden soll.

Wenn man dieses Kriterium streng auslegt, begibt man sich auf das Gebiet der **wissenschaftlichen Evaluation**. Hier wird verlangt, dass der Evaluationsgegenstand genau festgelegt wird, dass strenge wissenschaftliche Methoden nach dem aktuellen Stand der Forschung angewandt und dass mögliche Störeinflüsse so weit als möglich ausgeschlossen werden. Ein solches Vorgehen ist – wie man sich vorstellen kann – sehr aufwendig und verlangt beträchtliches Vorwissen und Kenntnisse des aktuellen Forschungsstandes auf dem jeweiligen Gebiet sowie bezüglich der üblichen methodischen Vorgehensweisen. Da sich dieses Buch jedoch nicht an Wissenschaftler, sondern an Gedächtnistrainerinnen wendet, liegt es nahe, dass es noch eine weitere Form der Evaluation geben muss.

> **Wissenschaftliche Evaluation:** Strenge Kriterien und hoher Aufwand.

Diese dritte Form, die sozusagen der „Königsweg" für eine alltägliche, trainingsbegleitende Evaluation ist, ist die **systematische oder pragmatische Evaluation**. Diese Form der Evaluation versucht die Vorteile der beiden vorgenannten Formen zu vereinen und nimmt dabei zwar teilweise auch die Nachteile in Kauf, versucht jedoch, diese in Grenzen zu halten. Der große Vorteil der Alltagsevaluation ist, dass sie sehr schnell geht, keinerlei Vorkenntnisse erfordert, sehr unaufwendig ist und dabei nahezu alles zugleich beurteilt. Der Nachteil liegt in der hohen Ungenauigkeit, bedingt durch Beobachtungsfehler, denen man sich nur schwer entziehen kann. Der Vorteil der wissenschaftlichen Evaluation liegt in der extrem hohen Genauigkeit und Präzision, die exakte Aussagen über den beobachteten Zusammenhang ermöglicht. Nachteilig ist hier, dass hier in der Regel nur ein kleiner Ausschnitt betrachtet werden kann, dass ein solches Vorgehen sehr zeit- und ressourcenaufwendig ist und dass erhebliches Vorwissen verlangt wird. Pragmatische Evaluation muss also versuchen, möglichst unaufwendig zu sein, einen angemessenen Ausschnitt zu betrachten und trotzdem Aussagen mit genügender Genauigkeit zu ermöglichen.

> **Systematische / Pragmatische Evaluation:** „Königsweg" für alltägliche, trainingsbegleitende Evaluation.

Wie kann man das erreichen? Ein guter Anfang für ein solches Vorgehen liegt in der Beantwortung der Frage „WAS WILL ICH WISSEN?" Das mag banal erscheinen, ist jedoch oftmals gar nicht so leicht. Wenn man sich klar macht, was man wissen will und was einen eigentlich genau interessiert, hat man auch schon den ersten

> **1. Schritt**
> „Was will ich wissen?", das ist die „Masterfrage".

Schritt zu einer systematischen Analyse des Gegenstandes gemacht. Diese „Masterfrage" darf natürlich nicht zu umfassend sein, kann aber durchaus auch komplexere Sachverhalte umfassen. Wenn man sich dann über das Evaluationsziel Klarheit verschafft hat, muss man überlegen, wie man vorgehen will (die Frage wäre hier: „Wie kann ich das beobachten?"). Auch hier ist es wichtig, sich vorher, vor der Beobachtung, zu überlegen, auf was man achten will und wie man das bewerkstelligen kann.

> **2. Schritt**
> Danach erst: Wie kann ich das beobachten?

Der große Unterschied zur Alltagsevaluation liegt also darin, dass man die wesentlichen Überlegungen vorher anstellt und nicht ad hoc in der Situation entscheidet. Damit lassen sich die meisten Beobachtungsfehler vermeiden, und man erzielt sehr viel zuverlässigere Urteile als mit der Alltagsevaluation. Dennoch ist es nicht erforderlich, so ausgetüftelte „Versuchspläne" zu erstellen, wie sie bei der wissenschaftlichen Evaluation vonnöten wären. Auch die Auswertung kann sehr viel einfacher gestaltet werden, als das bei einem wissenschaftlichen Anspruch der Fall wäre. So könnte beispielsweise im Rahmen eines Gedächtnistrainings interessieren, ob die Merkfähigkeit gesteigert werden kann. Man könnte nun notieren, wie viele der Gegenstände, die auf einem Tablett dargeboten werden, von der Gruppe bei der ersten Darbietung erinnert werden. Nachdem man einige Sitzungen mit Aufgaben zur Merkfähigkeit durchgeführt und verschiedene Merkstrategien geübt hat, wiederholt man die Ursprungsaufgabe und notiert wieder die Anzahl der erinnerten Gegenstände. So lässt sich auf einfache Art und Weise ein möglicher Gewinn im Bereich der Merkfähigkeit feststellen, ohne dass man auf sein Gefühl, dass das Training schon etwas bringt, angewiesen ist. Man muss es nicht erfühlen, sondern kann es sehen.

Natürlich lässt sich Merkfähigkeit auch auf ganz andere Art und Weise überprüfen (z.B. könnten Sie jede Stunde einen anderen Trainingsteilnehmer und dessen Umgang mit Merkaufgaben besonders beobachten, um zu sehen, ob die Strategien, die gelehrt wurden, auch angewandt werden). Lassen Sie Ihrer Fantasie also freien Lauf – aber tun Sie das vorher! Und wenn Sie sich für ein Vorgehen entschieden haben, bleiben Sie dabei. Sollte sich herausstellen, dass es ungeeignet ist, beginnen Sie ganz von vorne mit der Frage „Was will ich wissen?" und „Wie kann ich das beobachten?"

> **Vorher entscheiden** wie ich überprüfen will und dann **dabei bleiben!**

Eine andere Form der Klassifizierung von Evaluation berücksichtigt den Zeitpunkt, zu dem Evaluation stattfindet. Man unterscheidet hier diagnostische, formative und summative Evaluation. Diagnostische Evaluation setzt vor einer Maß-

> **Formen der Evaluation:**
> Diagnostische, formative und summative Evaluation.

nahme an und kann als eine Art Machbarkeitsanalyse verstanden werden. Diese Form spielt bei der Betrachtung von Gedächtnistrainings sicher eine untergeordnete Rolle, auch wenn vorstellbar wäre, dass ein Evaluationsziel in der Beantwortung der Frage liegen kann, ob ein bestimmtes Training mit einer bestehenden Gruppe durchgeführt werden kann oder nicht. Diese Frage kann anhand systematischer Kriterien betrachtet und beantwortet werden, bevor das Training überhaupt begonnen hat.

Formative Evaluation begleitet eine Maßnahme und richtet das Augenmerk nicht in erster Linie auf das Ergebnis, sondern auf den Prozess. Hier wird die Durchführung immer wieder kritisch betrachtet und optimiert. Es findet also eine Verhaltenskontrolle statt. Denkbar wäre hier eine Betrachtung bzw. Evaluation der Gruppenprozesse oder sozialen Verhaltensweisen im Rahmen eines Gedächtnistrainings. Eine solche Evaluation kann Auswirkungen auf die Durchführung der einzelnen Sitzungen haben, muss also während des laufenden Trainings stattfinden.

Die dritte Form, die summative Evaluation, betrachtet das Ergebnis einer Maßnahme und ist sicherlich die an häufigsten angewandte Evaluationsform. Hier wird evaluiert, ob ein Ziel der Maßnahme am Ende erreicht wurde bzw. wie gut eine Maßnahme gewirkt hat. Ein Beispiel dafür wäre die oben skizzierte Evaluation des Merkfähigkeitstrainings.

> **Formen der Evaluation:**
> Externe und interne Evaluation.

Weiterhin kann externe von interner Evaluation unterschieden werden. Bei der externen Evaluation ist der Evaluator nicht direkt in die Maßnahme eingebunden. So könnten Sie z.B. eine befreundete Trainerin bitten, einmal in Ihr Training zu kommen und bestimmte Beobachtungen durchzuführen. Das hat den Vorteil, dass der externe Evaluator unvoreingenommen auf die Situation blickt und möglicherweise Dinge wahrnimmt, bei denen sich bei internen Evaluatoren eine gewisse „Betriebsblindheit" ausgebildet hat.

Die interne Evaluation führt jemand durch, der direkt in die Maßnahme eingebunden ist, also z.B. Sie als Trainerin einer Gedächtnistrainingsgruppe. Hier liegt der Vorteil darin, dass die Vorgänge und Hintergründe sehr viel besser bekannt und somit auch besser berücksichtigt werden können. Beide Formen haben also Vor- und Nachteile und sollten unter Berücksichtigung derselben eingesetzt werden.

> **Evaluationsmethoden**

Eine wichtige Frage ist sicher auch, welche Methoden sich für eine (pragmatische) Evaluation eignen. Diese Frage lässt sich jedoch so pauschal nicht beantworten. Die einzige Antwort, die hierauf gegeben werden kann lautet: Methoden, die zu dem Evaluationsziel passen und die durchführbar sind. Als erster Anhaltspunkt folgt hier eine sehr kurze Vorschlagsliste, die in keiner Weise Anspruch auf

Vollständigkeit hat. Auch hier gilt: Lassen Sie Ihre Fantasie spielen und auch hier natürlich vorher!

Klassische Methoden sind Testaufgaben, die eine bestimmte Leistung erfassen. Diese können in der Gruppe oder individuell durchgeführt bzw. ausgewertet werden. Ebenfalls ein klassisches Evaluationsinstrument sind Fragebögen oder Checklisten, die von den Teilnehmern ausgefüllt werden. Genauso gut können jedoch auch Verfahren wie Blitzlicht oder (Mini)-Rückmeldung zum Einsatz kommen. Generell gilt, dass das Verfahren dem Evaluationsziel angepasst sein muss, also mit Blick auf die Frage „Was will ich wissen?" entwickelt und eingesetzt werden sollte. Dazu gehört auch, dass man sich ein wenig diszipliniert und sich auf das beschränkt, was zur Beantwortung der Frage dienlich ist. Erfahrungsgemäß gibt es die Tendenz, vieles zu „entdecken", das ganz interessant ist und dann erfasst werden soll, obwohl es nichts zu dem eigentlichen Evaluationsziel beiträgt. Sollte Ihnen das passieren, notieren Sie sich das für Ihr nächstes Evaluationsvorhaben. Denn auch bei der pragmatischen Evaluation können Sie nur genau hinschauen, wenn Sie nicht zu viel im Blick behalten müssen, sich also ein wenig einschränken. Machen Sie also lieber drei kleine Evaluationen nacheinander als eine „Superevaluation".

Was man noch wissen sollte:

Ein wichtiger Punkt, der hier noch zur Sprache kommen soll, beschäftigt sich mit Regeln, an die sich Evaluation bzw. der Evaluator halten sollte. Ein guter Leitfaden hierzu findet sich in den Evaluationsstandards[3] der Deutschen Gesellschaft für Evaluation (DeGEval). Auch wenn diese Standards für die wissenschaftliche Evaluation konzipiert sind, sind sie auch für den pragmatischen Evaluator interessant. Die insgesamt 25 Standards der DeGEval sind in vier Gruppen eingeteilt: Nützlichkeit, Durchführbarkeit, Fairness und Genauigkeit. Die Nützlichkeitsstandards sollen sicherstellen, dass jeder Evaluation geklärte Evaluationszwecke zugrunde liegen und dass sie sich am Informationsbedarf der vorgesehenen Nutzer ausrichtet. Dazu gehört neben der schon angesprochenen Klärung der Evaluationszwecke und der angemessenen Auswahl von heranzuziehenden Informationen auch die Transparenz bzw. klare Definition der Bewertungsgrundlagen. Natürlich muss ebenso darauf geachtet werden, dass die Evaluation rechtzeitig durchgeführt wird und dass die Evaluationsergebnisse auch genutzt werden.

---

[3] Deutsche Gesellschaft für Evaluation (2002). Standards für Evaluation. Köln: DeGEval. (www.degeval.de)

Die Durchführbarkeitsstandards beinhalten die Auswahl geeigneter Verfahren. Hierzu gehören die Berücksichtigung des Aufwands im Verhältnis zum Nutzen der Evaluation und der Hinweis auf die Notwendigkeit eines diplomatischen Vorgehens, das eine hohe Akzeptanz der unterschiedlichen beteiligten Personen sicherstellen soll.

Durchführbarkeit

Hilfreich dafür sind die Fairnessstandards, die dafür sorgen sollen, dass mit allen Beteiligten Personen oder Gruppen respektvoll und fair umgegangen wird. Dazu gehören neben dem Schutz individueller Rechte auch die unparteiische Durchführung von Evaluation sowie die Offenlegung der Ergebnisse. Allen Beteiligten sollten die Ergebnisse also so weit als möglich zugänglich gemacht werden.

Fairness

Schließlich gibt es noch die Genauigkeitsstandards, die sicherstellen sollen, dass eine Evaluation gültige Ergebnisse hervorbringt. Dazu gehören eine möglichst genaue Beschreibung sowohl des Evaluationsgegenstands als auch des Vorgehens, eine systematische Fehlerprüfung sowie die Begründung der getroffenen Schlussfolgerungen. Darüber hinaus sollte jede Evaluation dokumentiert werden, um eventuell Meta-Analysen durchführen zu können bzw. um die Ergebnisse auch zu einem späteren Zeitpunkt noch richtig einordnen zu können.

Genauigkeit

Nach diesem kurzen, eher theoretischen Abriss über verschiedene Formen von Evaluation und über Evaluationsstandards wird im Folgenden kurz ein von dem BVGT in Kooperation mit dem Deutschen Zentrum für Alternsforschung (DZFA) bzw. dem Institut für Gerontologie (IfG) – beide mit Sitz in Heidelberg – durchgeführtes wissenschaftliches Evaluationsprojekt vorgestellt. Abschließend folgt dann noch eine Einordnung des bis dahin Dargestellten für die Arbeit als Gedächtnistrainerin.

2 Forschungsprojekt

Ausgangslage war eine vom DZFA durchgeführte Befragung aller Mitglieder des BVGT, die unter anderem auch ergeben hat, dass nur ein außerordentlich geringer Anteil der aktiven Trainerinnen Maßnahmen der Qualitäts- oder Erfolgskontrolle (Vor- oder Nachtests) einsetzt. Ebenso zeigen die Fragen zur Übertragbarkeit der Trainingsinhalte in den Alltag, dass zwar von einer hohen Relevanz ausgegangen wird, es aber auch hier nahezu keine Form der Überprüfung dieser These gibt. Mit anderen Worten: Evaluation findet so gut wie gar nicht statt!

Im Rahmen dieser Befragung wurden die Trainerinnen auch gefragt, ob sie sich die Beteiligung an einer weiteren Studie des BVGT vorstellen könnten. Hier haben viele Trainerinnen eine prinzipielle Bereitschaft zur Mitarbeit bekundet.

2.1 Idee und Konzeption

Aufgrund dieser Ergebnisse und eines wachsenden Interesses innerhalb des BVGT an dem Themenbereich Evaluation entstand die Idee zu einem Projekt, in dem die Wirksamkeit eines speziellen Trainingsbausteins geprüft – evaluiert – werden sollte.

> **Projekt**
> Überprüfen eines Trainingsziels des ganzheitlichen Gedächtnistrainings.
> Hier: Merkfähigkeit

Dazu wurden in zwei Ganztagsseminaren gemeinsam mit Trainerinnen des BVGT ein Trainingsmodul sowie die dazugehörigen Testverfahren entwickelt. Das Hauptaugenmerk des Moduls lag auf der Merkfähigkeit, genauer gesagt, der Merkfähigkeit bezüglich von Listen (Einkaufslisten) und von literarischen Texten. Diese Merkfähigkeit sollte in wenigen Sitzungen durch die Vermittlung von relativ leicht erlernbaren Strategien gesteigert werden. Zur Überprüfung waren ein ausführlicher Vor- und Nachtest sowie ein so genanntes Follow-Up vier Wochen nach Trainingsende geplant. Zusätzlich sollte eine Kontrollgruppe eingerichtet werden, die zwar an Vor- und Nachtest teilnehmen, aber dazwischen kein Training erhalten würde. Diese Gruppe sollte zwischen Nachtest und Follow-Up trainiert werden. Das Trainingsprogramm war also wie in Abbildung 1 ersichtlich aufgebaut.

Trainingsgruppe

Vortest — 3 Wochen Training — Nachtest ——————————→ Follow-Up

Vortest — Vortest 2 — 3 Wochen Training — Nachtest

Kontrollgruppe

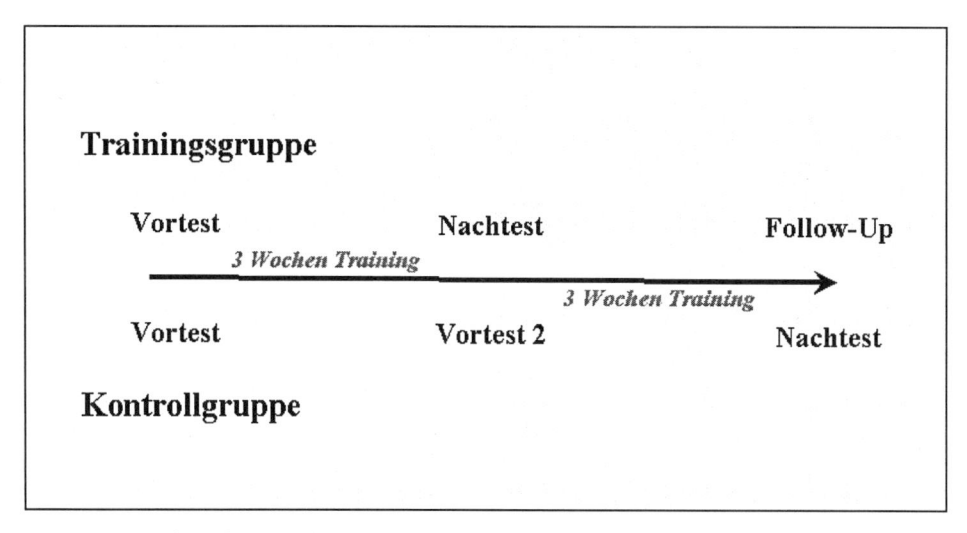

Abb. 1 Design des Evaluationstrainingsprogramms

Wie erwähnt, sollte sich das Training ausschließlich mit Merkfähigkeit beschäftigen und sich somit deutlich von den üblichen Gedächtnistrainings des BVGT unterscheiden. Während sonst in den ganzheitlichen Trainings ein möglichst breites Spektrum von Fähigkeiten angesprochen und trainiert wird, sollte hier nur eine Fähigkeit isoliert gefördert werden. Ein guter Vergleich hierzu ist der Unterschied zwischen der Tagesschau und einem Brennpunkt. In der Tagesschau bekommt man einen Überblick über das Geschehen in der Welt auf vielen Gebieten und zu vielen Themen, ein Brennpunkt dagegen beschäftigt sich exklusiv mit einem Thema. Diese Fokussierung ermöglicht deutlich präzisere Aussagen über den Zusammenhang zwischen Training und spezifischen Veränderungen in einer Leistung. Würde man alles mögliche trainieren, wäre bei einer beobachteten Leistungssteigerung ein Rückschluss darauf, welche Komponente des Trainings denn genau dafür verantwortlich ist, sehr viel schwieriger. Gleichzeitig müsste man sehr viel mehr mögliche Störeinflüsse berücksichtigen.

Zur Steigerung der Merkfähigkeit von Listen und Geschichten sollten folgende Strategien gelernt und geübt werden: Organisation und Assoziation für die Listen und die ÜFLAT-Technik für die Geschichten. ÜFLAT ist im Prinzip das Gleiche wie PQRST oder SQRRR, zwei Strategien, die möglicherweise bekannter sind. Die Buchstaben stehen für eine systematische Herangehensweise bei der Bearbeitung von Texten. Zunächst sollte man sich einen Überblick über das Thema des Textes verschaffen, dann sollten Fragen an den Text formuliert werden. Mit diesen Fragen im Hinterkopf folgten das Lesen des Textes und die Rekapitulierung der zentralen Aussagen. Schließlich sollte man sich testen, ob man den Text wirklich erfasst hat. ÜFLAT steht also für *Ü*berblick verschaffen – *F*ragen stellen – *L*esen – *A*ussagen festhalten – *T*esten. Diese Strategien sollten auch in den Trainingssitzungen schon geübt werden.

Dazu wurden Hausaufgabentexte verteilt, die zu den jeweiligen Sitzungen gelesen und dann besprochen werden sollten. Themen der Texte waren Veränderungen des Gedächtnisses mit dem Älterwerden, das Zusammenspiel von Selbstwertgefühl und Gedächtnisleistung sowie ein Überblick über verschiedene weitere Strategien zur Steigerung der Gedächtnisleistung.

Die Testsitzungen sollten neben Leistungstests – also dem Merken von Listen und Texten auf Zeit und ohne Zeitbeschränkung – Fragen zu allgemeinen Merkmalen wie Alter, Bildungsstand oder Familienstand und Fragen zu gesundheitsbezogenen Themen beinhalten. Darüber hinaus sollten standardisierte psychologische Verfahren zur Erfassung der Informationsverarbeitungsgeschwindigkeit, der Intelligenz, der Selbstwirksamkeit und ein Depressionsscreening eingesetzt werden. Zusätzlich wurden in den Testsitzungen nach Durchführung des Trainings auch Strategien-Checklisten eingesetzt, um zu überprüfen, welche Strategien die Teilnehmer bei der Bearbeitung der Aufgaben angewandt haben.

2.2 Durchführung

Von den Teilnehmerinnen der zwei durchgeführten Ganztagsseminare erklärten sich 8 Trainerinnen bzw. Trainerinnenteams bereit, ein Evaluationstraining wie eben skizziert zu organisieren und zu leiten. Zur Durchführung der Testsitzungen standen den Trainerinnen Mitarbeiter des DZFA bzw. des IfG zur Seite, um die Vergleichbarkeit dieser Elemente zu gewährleisten. Die Trainings fanden an verschiedenen Orten in Deutschland statt (siehe Abbildung 2).

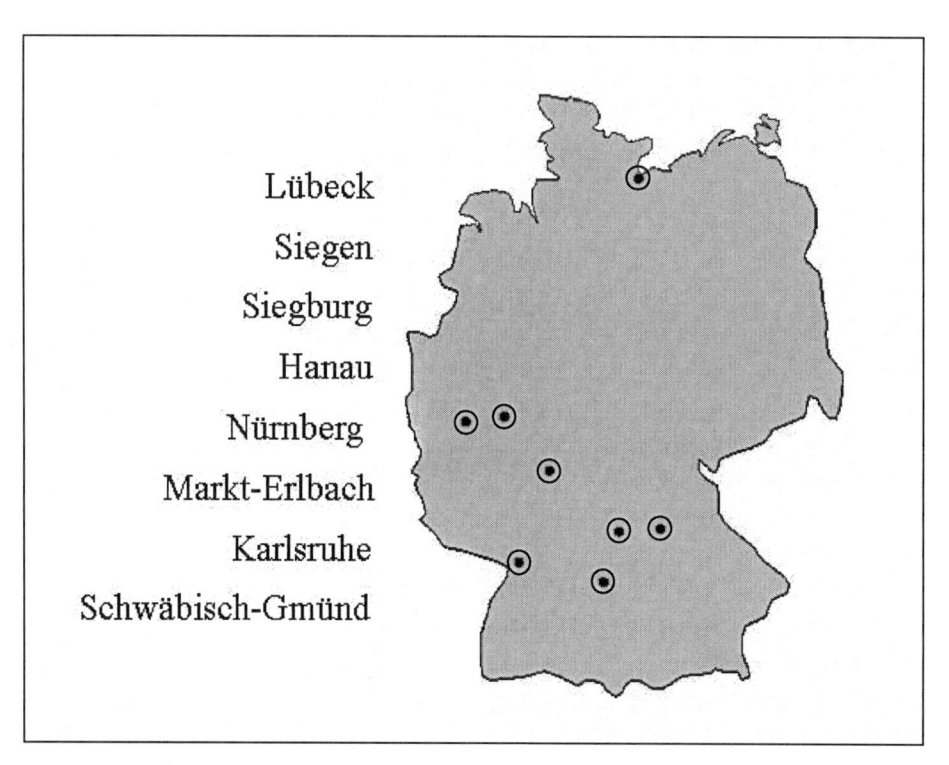

Abb. 2 Trainingsorte

Die Durchführung dieses Trainingsprogramms stellte sich für die einzelnen Trainerinnen aus verschiedenen Gründen als sehr aufwendig heraus. Zunächst ist der „logistische" Aufwand zu sehen, der durch die Fülle des eingesetzten Materials und durch die notwendige Anonymisierung entstand. Daneben war Evaluation und diese Form des Trainings eben auch für die Trainerinnen Neuland. So gibt es im Rahmen eines normalen Trainings kein so starres Korsett für die einzelnen Sitzungen. Dies war hier jedoch notwendig, um nicht nur Vergleichbarkeit in den Testsitzungen, sondern eben auch in der Durchführung des Trainings zu erreichen. Trotz des hohen Arbeits- und Planungsaufwands für die Trainerinnen war das Fazit der Beteiligten überwiegend positiv.

> Es hat sich gezeigt, dass Evaluation auch von den beteiligten Trainerinnen als sinnvolles und nützliches Instrument zur Trainingsüberprüfung und -entwicklung empfunden wurde, auch wenn natürlich klar war und von den Trainerinnen auch erkannt wurde, dass ein so hoher Aufwand sich nur für eine größer angelegte wissenschaftliche Studie lohnt und im Trainingsalltag völlig fehl am Platz wäre.

Dazu kommt noch, dass die Ergebnisse einer Evaluation in einem so großen Rahmen kaum zeitnah rückgemeldet werden und in das Training einfließen können, da auch der Aufwand für die Eingabe und Verarbeitung der erhobenen Daten beträchtlich ist und Zeit in Anspruch nimmt.

2.3 Ergebnisse

In diesem Abschnitt sollen wesentliche Ergebnisse der Evaluationsstudie dargestellt werden. Es versteht sich, dass in der hier gebotenen Kürze nur ein kleiner Ausschnitt Erwähnung finden kann. Auch wird die Darstellung der einzelnen Ergebnisse von den in der Wissenschaft gebräuchlichen Gepflogenheiten abweichen. Dies geschieht aus Gründen der besseren Lesbarkeit und des besseren Verständnisses.

Insgesamt haben 261 Personen an der Studie teilgenommen (134 in der Trainings- und 127 in der Kontrollgruppe). Die Personen waren zwischen 50 und 70 Jahren alt, das mittlere Alter betrug 62,8 Jahre. Von den Studienteilnehmern waren 21,5% männlichen Geschlechts, was als durchaus hoher Prozentsatz anzusehen ist. Bezüglich des Bildungsstandes ist zu sagen, dass die Personen im Schnitt einen leicht höheren Bildungsstand als die Gesamtbevölkerung hatten, was aber nicht weiter erstaunlich ist, da bekannt ist, dass Menschen mit höherer Bildung häufiger Angebote dieser Art annehmen als Menschen mit geringerer Bildung. Die Angaben zum Gesundheitsstatus stimmen dagegen im wesentlichen mit den Durchschnittswerten der Gesamtbevölkerung überein. Die Teilnehmer waren also weder besonders gesund noch besonders krank für ihr Alter. Ungefähr 10% hatten schon einmal ein Gedächtnistraining besucht, das aber im Schnitt 2 Jahre zurück lag.

Interessant sind die Angaben zu den Gründen für den Besuch des Trainings. Hier zeigte sich, dass das Gedächtnis bzw. möglicherweise drohende Einbußen des Gedächtnisses für diese Personengruppe eine hohe Relevanz haben. Gründe wie „allgemein etwas Neues lernen" oder „nette Leute treffen" spielten nur eine sehr untergeordnete Rolle.

Die Personen hatten nach dem Training das Gefühl, davon profitiert und ihre Gedächtnisleistung gesteigert zu haben. Bei der Betrachtung der objektiv gezeigten Leistungen fällt auf, dass die Teilnehmer schon vor dem Training ein sehr hohes Ausgangsniveau hatten. So wurde von einer Liste mit 30 Gegenständen im Mittel knapp die Hälfte richtig erinnert. Auch bei den Texten, wo zwischen sinnhaftem Erinnerungsvermögen und Detailerinnerung unterschieden wurde, lag das Ausgangsniveau überraschend hoch (bei ca. einem Drittel der maximal erreichbaren Punktzahl). Dennoch zeigen die Ergebnisse des Nachtests, dass Steigerungen durch das Training möglich waren. Diese Steigerungen zeigten sich jedoch nicht gleichmäßig, sondern insbesondere bei den Aufgaben ohne Zeitbeschränkung, also ohne zusätzlichen Stressfaktor, der die Merkfähigkeit und das Abrufen der gelernten Strategien offensichtlich erschwert. Interessant ist, dass sich bei der Trainingsgruppe eine nochmalige Steigerung nach dem Training zwischen Nachtest und Follow-Up nachweisen lässt. Auch hier gilt die Einschränkung, dass Steigerungen vor allem in den Aufgaben ohne Zeitbeschränkung erzielt werden konnten.

Ein weiteres interessantes Ergebnis zeigt die Betrachtung der eingesetzten Strategien-Checklisten. Hier zeigt sich, dass die vergleichsweise einfacheren Strategien für das Merken von Listen auch von den meisten Personen angewandt werden. Andere Strategien spielen dagegen für diese Aufgabe eine untergeordnete Rolle. Anders sieht das Bild beim Merken von Texten aus. Hier gibt es ein deutlich breiteres Spektrum an Strategien, die von den Teilnehmern eingesetzt wurden. Auffällig ist, dass die ÜFLAT-Technik mit allen ihren Bestandteilen nur von weniger als einem Viertel der Personen angewandt wurde. Dafür scheint es so zu sein, dass Teile der ÜFLAT-Technik durchaus Verwendung gefunden haben (z.B. „Ich habe mich vergewissert, dass ich die Kernaussage des Textes kenne" oder „Ich habe den Text überflogen, um die Kernaussage zu verstehen und habe dann nach und nach die Details der wichtigen Bestandteile oder Personen hinzugefügt"). Das spricht dafür, dass die Zeit mit 3 Wochen (3 Trainingssitzungen) nicht gereicht hat, eine solche vergleichsweise komplexe Strategie zu erlernen und vor allem so gut zu üben, dass sie ohne großen Aufwand bei Merkaufgaben eingesetzt werden kann.

Zusammenfassend lässt sich also sagen, dass Leistungssteigerungen auch bei einem kurzen, intensiven Training ungeachtet des hohen Ausgangsniveaus möglich sind und dass es Hinweise darauf gibt, dass das Training sogar nach seiner Beendigung noch „fortwirkt". Ebenfalls kann man sagen, dass komplexe Strategien nur in Teilen angewandt werden, also offensichtlich mehr Übungszeit benötigen.

Es soll noch einmal darauf hingewiesen werden, dass in dieser kurzen Darstellung nur einige der zentralen Ergebnisse berücksichtigt sind.

Ein ebenfalls wichtiges Ergebnis dieser Studie und der Auseinandersetzung mit Evaluation im BVGT ist darin zu sehen, dass dem Thema Evaluation in der Verbandsarbeit ein noch höherer Stellenwert beigemessen wird, als das bisher der Fall war.

3 Lust auf Evaluation – zum Umgang mit diesem Buch

Solche wissenschaftlichen Studien wie die eben vorgestellte stellen mit Sicherheit einen wichtigen Bestandteil der *Verbands*arbeit dar. Sie können dazu dienen, die Arbeit in einem Trainingsverband zu überprüfen bzw. können neue Impulse in den Verband geben. Ganz sicher sind solche Studien *kein* Bestandteil der alltäglichen Trainingsarbeit. Hier steht der Aufwand in keinem Verhältnis zum erwartbaren Ertrag (DeGEval-Standards!). Daher müssen für den Bereich der alltäglichen Trainingsarbeit andere und für die meisten Trainerinnen neue Wege gegangen werden.

Dieses Buch versteht sich in diesem Sinne als ein Wegweiser oder Reiseführer durch das Land der Evaluation. Wie jeder andere Reiseführer auch kann Ihnen dieses Buch also nur einige – vielleicht besonders sehenswerte – Punkte in einem fremden Gebiet aufzeigen. Die Lektüre eines Reiseführers ersetzt aber nicht die tatsächliche Reise und den eigenen Besuch der beschriebenen Sehenswürdigkeiten. Das bleibt immer noch die Aufgabe der Reisenden selbst, denn jeder Tourist wird andere Aspekte, andere Details beachten, anderes Wetter vorfinden und andere Vorerfahrungen mitbringen, so dass das eigene Bild einer fremden Stadt sich von Reisendem zu Reisendem unterscheiden wird. Genau das Gleiche gilt für Ihre Reise durch das Feld der Evaluation: Auch Sie müssen die „Sehenswürdigkeiten", die Sie besonders interessieren, selbst „besuchen", d.h. anwenden und ausprobieren, um zu sehen, was das für Sie, für Ihre Arbeit bedeuten kann. Und wie bei dem Touristen, der auf dem Weg zu den Sehenswürdigkeiten noch ganz andere Dinge zu sehen bekommt, die er möglicherweise viel spannender findet als das, was im Buch beschrieben wird, werden auch Sie auf Ihrem Weg Aspekte entdecken, die für Sie möglicherweise interessant oder wichtig sind, im vorliegenden Buch jedoch mit keinem Wort erwähnt werden. Dennoch stellt dieses Buch eine Hilfe für eine solche Reise dar, da es Sie zu Punkten führt, die häufig als „schön" empfunden werden, Ihnen Hinweise darauf gibt, wie man sich in diesem fremden Land überhaupt bewegt und auf was man unbedingt achten sollte, und da es Sie vor besonders hässlichen Orten warnt.

Damit wird hoffentlich deutlich, dass Evaluation nichts Fertiges ist, das man wie ein Backrezept anwenden kann, um ein gewünschtes Ergebnis zu erzielen.

> Das „Land der Evaluation" benötigt Wegweiser.

> Evaluation ist ein Prozess, der ständigen Anpassungen, Veränderungen und Modifikationen unterworfen ist. Aber genau das ist auch das Spannende an Evaluation.

Würden Sie eine Reise machen, wenn Sie vorher schon genau wüssten, was Sie in der fremden Stadt oder dem fremden Land erwartet? Man kann Ihnen auf Ihrem Weg durch dieses Buch und durch das Land der Evaluation also nur viel Mut, Spaß und Neugierde wünschen. Sie werden es sicher nicht bereuen, diese „Reise" angetreten zu haben.

II. Modelle aus der Praxis für die Praxis

Um den Lesern eine Vielfalt evaluierten Materials zu bieten, skizzieren wir im Folgenden Modelle aus der Praxis.

Diese Modelle sind das Ergebnis einer Aufgabe im Rahmen der Qualifizierungsmaßnahme zur Ausbildungsreferentin des Bundesverbandes Gedächtnistraining im Jahr 2003.

Die Ausbildungsreferentinnen sollten einen Trainingsbaustein mit dazu passender Evaluationsmaßnahme zu einem der Ansätze des Ganzheitlichen Gedächtnistrainings (im Folgenden meist: GGT) entwickeln und durchführen.

Die genaue Aufgabenstellung lautete:

„Entwickeln und beschreiben Sie ein Training mit Evaluation für eine bestimmte Zielgruppe zu einem der Ansätze des Ganzheitlichen Gedächtnistrainings."

Die „Evaluation eines Trainingsbausteins" wurde von den im Jahr 2003 qualifizierten Ausbildungsreferentinnen praktisch erprobt und in ihren Prüfungsarbeiten ausgewertet. Für diese Handreichung erfolgte eine Zusammenstellung einzelner Prüfungsarbeiten in Auszügen bzw. Kurzform. Einige Modelle finden Sie im Gesamtablauf im Abschnitt III.

Diese Darstellungen sollen Ihnen mögliche Wege durch das Feld der Evaluation aufzeigen. Wie erwähnt, sollen diese Beispiele als Impulse dienen, die für die konkrete Umsetzung selbstverständlich an die jeweiligen Bedürfnisse angepasst werden müssen.

1 Aus der Arbeit von Ingrid Bauer

(a) Zielgruppenbeschreibung

In einem Senioren-Wohnsitz in Nürnberg findet Gedächtnistraining statt. Die Gruppe besteht zur Zeit aus 12 bis 16 weiblichen Teilnehmerinnen (TN) im Alter von 77 bis 92 Jahren. Die TN sind in der Mehrheit sehr lebhaft und geistig fit. Eine TN ist stark sehbehindert.

(b) Ausgewählter Ansatz des GGT

MERKFÄHIGKEIT

Merkfähigkeit ist die Fähigkeit, Wahrnehmungen kurzfristig und langfristig zu speichern.

Die Merkfähigkeit ist abhängig von Interesse, Motivation, Konzentration sowie psychischer und physischer Verfassung. Ohne Merkfähigkeit keine Lernfähigkeit.

(c) Trainingsbeschreibung/ Evaluation

Das Gedächtnistraining findet seit 1998 wöchentlich 60 Minuten statt.

Die Evaluation wurde in 5 Trainingseinheiten durchgeführt.

Mit Hilfe der Loci- Methode sollte die Merkfähigkeit trainiert werden.

Die Loci-Methode gehört zu den ältesten Methoden, bei denen das bildhafte Vorstellungsvermögen eingesetzt wird. (Loci (*lat.*) = Plätze, Orte)

Bei dieser Methode stellt man sich zunächst einen Weg, z.B. durch die eigene Wohnung, zum Arbeitsplatz oder eine Reise durch den eigenen Körper oder durch ein bestimmtes Zimmer vor. Im nächsten Schritt werden dann die zu lernenden Inhalte an den markanten Punkten abgelegt, dass heißt, die Dinge, die behalten werden sollen, werden bildlich mit den Loci/Orten verbunden.

Die Loci-Methode wurde erläutert und die TN sollten als Hausaufgabe auf ein Blatt ihr „persönliches Zimmer" mit 10 „Plätzen" eintragen.

Beispiel einer Trainings- und Testübung:

Der Kursleiter liest eine Liste mit 10 Begriffen im Abstand von 3 Sekunden laut und deutlich vor: Sonne –Dusche – Glas – Klavier – Apfel – Haus – Brot – Pudel – Salz – Amsel.

Oder: Der Kursleiter lässt Säckchen herumgehen, in denen 10 verschiedene Gegenstände ertastet werden sollen

Dann folgen einige Kopfrechenaufgaben, 10 – 1, 9 x 4, 12 : 3, 20 – 9

Eine Fingerübung

Anschließend werden die gemerkten Begriffe notiert.

(d) Evaluation

Der Lerntypentest (Aufbaukurs 1 Seiten 12 – 15) wurde als Vortest und Nachtest für die Gruppe modifiziert.

Herausgenommen wurden folgende Aufgaben:

10 gehörte, gelesene, gesehene, mitgeschriebene und getastete Begriffe sollten behalten werden. Vor der jeweiligen Abfrage der behaltenen Begriffe wurden kleine Rechenaufgaben gestellt und eine Bewegungsübung gemacht.

Die Ergebnisse des Vortests wurden den TN in der folgenden Stunde mitgeteilt.

Die Ergebnisse des Nachtests wurden ausführlich mit den TN besprochen.

Von den 10 Begriffen wurden im Schnitt erinnert:

	im Vortest	im Nachtest
gehört	4,3	5,9
gesehen	7,4	8,8
gelesen	6,3	7,1
geschrieben	5,2	6,4
ertastet	5,9	7,6

Zum Abschluss habe ich die TN gebeten, sich freiwillig persönlich zu ihren Gefühlen während des Tests zu äußern.

Alle haben beim Nachtest das Gefühl gehabt, etwas mehr erinnern zu können.

Unabhängig von der Darbietung der Begriffe ist bei allen Teilnehmerinnen eine Steigerung der Merkfähigkeit mit Hilfe der Loci-Methode erreicht worden.

(e) Persönliche Erfahrung

Die TN reagierten immer sehr empfindlich auf Unruhe und Lärm der jeweils anderen, deshalb musste ich manchmal „um Ruhe bitten". Letztendlich freuten sie sich aber darüber, wie lebhaft und spontan ihre Stunden abliefen und „disziplinierten" sich gegenseitig.

Während der Durchführung kamen mir Gedanken dazu, was ich das nächste Mal anders machen würde: Z.B. würde ich nicht mehr 5 x 10 Begriffe/Gegenstände hintereinander innerhalb einer Stunde erinnern lassen, da dies den Nachteil hat, dass während solcher Stunden praktisch nichts anderes gemacht werden kann.

Ich glaube sagen zu können:

Auch im Alter von 77 bis 92 Jahren lässt sich die Merkfähigkeit speziell mit dieser Methode noch verbessern.

Da die Loci-Methode eine so anspruchsvolle Methode ist, spielt es auch eine Rolle, dass die Gruppe geistig so fit und trainiert ist und eine große Bereitschaft mitzuarbeiten gezeigt hat.

Einige TN sind trotzdem nach wie vor der Meinung, solche Techniken nicht mehr zu brauchen, andere wenden sie sogar schon an und haben für künftige Stunden weitere Übungen dieser Art erbeten.

Die fast blinde TN (erkennbar an der großen Schrift) zeigte sowohl im Vor- als auch im Nachtest sehr gute Ergebnisse – offensichtlich, weil sie es gewöhnt ist, „Bilder im Kopf" zu haben. Das spricht für die Übungssensitivität der Loci-Methode, was heißt, dass weitere Steigerungen der Leistung zu erwarten sind, wenn weiter trainiert wird.

(f) Kommentar

Hier ist der gute Ansatz, Merkfähigkeit anhand unterschiedlich dargebotener Gegenstände zu erfassen, hervorzuheben. Auch wenn diese Vorgehensweise mehr Zeit kostet, liefert sie doch interessante Ergebnisse.

Tipp: Beim Nacharbeiten überprüfen, ob die TN tatsächlich die Loci-Methode angewandt oder ob sie auf eigene Strategien zurückgegriffen haben. Nur dann kann man abschätzen, ob der Trainingserfolg auf diese spezielle Methode zurückzuführen ist.

2 Aus der Arbeit von Agnes Boos:

(a) Zielgruppenbeschreibung

Die Trainingsgruppe bestand aus vier jungen Frauen zwischen 21 und 22 Jahren, die Gruppe ist sehr fit, die Personen befinden sich als Studentinnen oder Auszubildende alle im ständigen Lernprozess.

(b) Ausgewählter Ansatz des ganzheitlichen Gedächtnistrainings:

MERKFÄHIGKEIT

Merkfähigkeit ist die Fähigkeit, Wahrnehmungen kurzfristig und langfristig zu speichern. Die Merkfähigkeit ist abhängig von Interesse, Motivation, Konzentration sowie psychischer und physischer Verfassung. Ohne Merkfähigkeit gibt es keine Lernfähigkeit!

(c) Trainingsbeschreibung

Diese Gruppe ist nur für diesen abgeschlossenen Kurs zusammen gekommen, aber die TN kennen sich sehr gut.

3 Trainingseinheiten mit je 60 Minuten: Beginn der ersten Trainingseinheiten mit einem Vortest, zur nächsten Einheit jeweils Hausaufgaben, zum Abschluss der dritten Trainingseinheit ein Nachtest.

Die Merkfähigkeit wird hier anhand von Merklisten evaluiert.

Vortest: 3 Merklisten mit jeweils 10 Begriffen in 3 Minuten einprägen, danach 5 Minuten Zeit, sie aufzuschreiben.

Nachtest: genau wie oben beschrieben.

Stundenbild: In jeder Trainingseinheit wurden geübt:

- Einkaufslisten mit 30 Begriffen wie:

Knoblauch	Aprikosen	Brezeln
Wels	Kamm	Thunfisch
Shampoo	Faden	Knäckebrot
Radio	Zimt	Weichspüler
Uhr	Forelle	Pfeffer
Salz	Kopfkissen	Zitronenbonbons
Kalzium	Film	Nackenstütze
Lachs	Petersilie	Haargel
Degen	Salami	Buttergebäck
Platte	Hummer	Bürste

Vorgehen:

- Einführung der Assoziationsmethode (Liste wird mittels Bildern und Geschichten erinnert),
- Einführung der Loci-Methode (Liste wird an bestimmten „Orten" abgelegt und erinnert),
- Kategorien bilden (ähnliche Begriffe unter einem Überbegriff zusammenfassen),
- Gegenstände gezeigt und unter einem Tuch anschließend verborgen,
- Memorypaare mussten gefunden werden,
- Mind-Map anhand eines Schaubildes erläutert und
- ÜFLAT-Methode erklärt, die Zeit fehlte zur Einübung.

Als Hausaufgabe sollten die Teilnehmer eigene Terminlisten und Einkaufslisten erstellen und daran üben.

(d) Evaluation

Von den 4 Teilnehmerinnen hatte eine die gleiche Fehlerquote in beiden Tests, die drei anderen hatten sich deutlich verbessert:

TN A: von 12 richtigen Begriffen im Vortest zu 12 richtigen im Nachtest,

TN B: von 15 richtigen Begriffen zu 23 richtigen Begriffen,

TN C: von 15 richtigen Begriffen zu 18 richtigen Begriffen,

TN D: von 24 richtigen Begriffen zu 30 richtigen Begriffen

Es zeigt sich also, dass sich unterschiedliche Methoden zur Steigerung der Merkfähigkeit einsetzen lassen.

Auswertung durch Befragen:

Alle TN sagten, die erlernten Methoden hätten ihnen geholfen, sich Begriffe zu merken, 1 TN schränkte aber ein, dass sie die Loci-Liste noch nicht immer abrufen konnte.

Die Teilnehmerinnen waren erstaunt über die leicht erlernbaren Merktechniken und nutzen sie schon während der Trainingsphase.

(e) Persönliche Erfahrung

Die Durchführung der Evaluation im Bereich Merktechniken war für mich als Trainerin eine interessante Aufgabe, ich war erstaunt über das Interesse und das Engagement der Teilnehmerinnen. Das spiegelte sich auch während der Trainingseinheiten wider, in denen alle Teilnehmerinnen mit großer Begeisterung ihre Listen übten.

Auch für mich persönlich konnte ich aus dieser Evaluation positive Erfahrungen sammeln. Zum einen konnte ich bei den Teilnehmerinnen Interesse für Gedächtnistraining wecken, und zwar hier wiederum insbesondere für den Bereich Merktechniken, der bei dieser Zielgruppe besondere Aufmerksamkeit genießt.

Zum zweiten hat sich mein Bewusstsein für die Bedeutung von Evaluation im Gedächtnistraining geschärft. Ich denke, dass ich die Durchführung von Evaluation in meinen zukünftigen Trainingsstunden als festen Bestandteil einbauen werde, um die Wirkung meiner Arbeit als Gedächtnistrainerin besser reflektieren zu können.

(f) Kommentar

Hier zeigt sich, dass neben der Erfassung von Leistungsparametern auch eine Evaluation durch Befragung interessante Ergebnisse bringen kann. Evaluation muss also nicht immer aufwendig mit eigens erstellten Instrumenten und besonderen Trainingsstunden verbunden sein.

Tipp: Wenn das Evaluationsziel klar definiert und begrenzt ist, kann man sich häufig einfacherer Maßnahmen bedienen.

3 Aus der Arbeit von Ulrike Ehrenberg:

(a) Zielgruppenbeschreibung

Die Gruppe besteht aus 11 bis 14 Personen des Wohnparks in Goslar. Das Alter umfasst 70 bis 90 Jahre, 3 der Teilnehmer sind männlich. Es waren nicht immer alle TN anwesend.

Einige TN hatten Vorerfahrungen im Gedächtnistraining, andere sind es gewohnt, Bridge zu spielen, Rätsel zu lösen oder sich durch Musik hören zu entspannen.

2 TN können schlecht sehen, 1 TN kann kaum schriftliche Übungen machen. Neben leichten Einschränkungen durch Schlaganfall sind die TN als fit zu bezeichnen.

(b) Ausgewählter Ansatz des ganzheitlichen Gedächtnistrainings

ASSOZIATIVES DENKEN

Assoziatives Denken bedeutet Verknüpfung neuer Information mit bereits gespeicherten Informationen. Beim assoziativen Denken werden Gedankenverbindungen hergestellt. Neue Informationen werden mit bereits Bekanntem verglichen und verknüpft. Durch das assoziative Denken werden Lernprozesse erleichtert. Je mehr solcher Gedankenverbindungen geknüpft werden, desto besser funktioniert das Gedächtnis.

(c) Trainingsbeschreibung Trainingsstunden

Es handelt sich um ein abgeschlossenes Training mit 4 Trainingsstunden. In diesen Stunden, wurden überwiegend die Übungen zum assoziativen Denken aus den Materialien des BVGT erarbeitet.

Wichtig waren die Grundsätze:

- Offen sein für Neues
- Bereitschaft, sich in die Gruppe zu integrieren
- Steigerung der Gedächtnisleistungen
- Erleben von Anspannung und Entspannung

(d) Evaluation

Für die Überprüfung wurde ein Bewertungsbogen entwickelt, der nach jeder Stunde per Strichliste gefüllt wurde.

In einem Fragebogen wurden folgende Bereiche abgedeckt:

1. Was habe ich durch die Angebote im Kurs erreicht?

2. Auf welchen Gebieten ist Gelegenheit geschaffen worden für eine günstige Wendung?

3. Werden die Vorteile des assoziativen Denkens erkannt und genutzt?

Dieser Fragebogen (siehe unten) wurde nach der letzten Stunde ausgeteilt, die TN konnten ihn mitnehmen und in Ruhe ausfüllen. Von 12 Bögen kamen 11 zurück.

4 TN beschrieben eine häufigere Nutzung des assoziativen Denkens, 3 TN wie vorher, 3TN nutzen es wenig und 1 TN gar nicht.

9 TN beurteilten die Übungen zum assoziativen Denken als genau richtig, 2 TN halten die Übungen für zu schwierig.

7 TN fällt das assoziative Denken jetzt leichter, 4 TN nannten keine Veränderungen.

Weitere Fragen behandelten die Freude am Training und Wünsche bezüglich des weiteren Kursverlaufs.

Bezüglich der Frage „Werden die Vorteile des assoziativen Denkens erkannt und umgesetzt?" kann eine eindeutige Beantwortung aus den Ergebnissen des Fragebogens nicht erfolgen. Festzuhalten ist, dass die Mehrheit der TN einen leichteren Zugang zum assoziativen Denken empfindet.

Das lässt die vorsichtige Interpretation zu, dass ein Nutzen erkennbar geworden ist. Wie aus der Beantwortung hervorgeht, impliziert es jedoch nicht gleichzeitig die Umsetzung im Alltagsdenken. 1/3 der TN nutzt nun das assoziative Denken häufiger.

(e) Persönliche Erfahrung

Ich habe eine kontroverse Einstellung zur Verwertbarkeit dieser Evaluation. Grundsätzlich halte ich eine Auswertung, Überprüfbarkeit und Reflexion des eigenen Handelns und die Wirkung auf andere für erforderlich. Es ist zu beachten, dass diese Evaluation nicht wissenschaftlich zu verwerten ist, aber nützlich für die Bewertung des Kursgeschehens ist und die Ergebnisse ein Korrektiv darstellen.

(f) Kommentar

Evaluationen dieser Art und in so kleinen Gruppen sind quasi nie wissenschaftlich verwertbar und sollen es auch gar nicht sein. Dies ist demnach kein Argument gegen die Durchführung solch „kleiner" Evaluationsmaßnahmen.

Tipp: In diesem Modell beschränkt sich die Evaluation auf die *Einstellung* zu assoziativem Denken. Das ist sicherlich ein spannender Punkt und für die Fähigkeit des assoziativen Denkens relevant. Man könnte aber auch versuchen zu erfassen, ob sich auch die *Fähigkeit* des assoziativen Denkens verändert hat.

Fragebogen

Männlich O
Weiblich O

Alter:

Haben Sie bereits vor diesem Kurs an einem O ja
Gedächtnistraining teilgenommen? O nein

Was war für Ihre Entscheidung, am Gedächt- O Ich möchte mein Gedächtnis verbessern
nistraining teilzunehmen, wichtig O Ich möchte etwas Neues kennen lernen
 O Ich habe Spaß an der Gemeinschaft
 O Weiß nicht

Die Übungen zum Gedächtnistraining O machen mir viel Freude
 O machen mir Freude
 O geht so
 O wenig Freude
 O keine Freude

Die Übungen zum Gedächtnistraining sind für O zu schwierig
mich O genau richtig
 O zu leicht

Übungen zum assoziativen Denken (Verknüp- O zu schwierig
fungen; Beispiele werden genannt) sind O genau richtig
 O zu leicht

Ich merke, dass diese Art des assoziativen Den- O leichter geworden ist
kens für mich durch Übungen O genauso geblieben ist wie vorher
 O nicht verändert ist

Im Alltag nutze ich das assoziative Denken O überhaupt nicht
 O wenig
 O genau wie vorher
 O häufiger

Für den weiteren Kursverlauf wünsche ich mir:

4 Aus der Arbeit von Andrea Friese

(a) Zielgruppenbeschreibung

Die Trainingsgruppe besteht aus 14 Teilnehmerinnen zwischen 68 und 93 Jahren. 8 TN leben im Betreuten Wohnen, 5 TN im pflegeorientiertem Bereich, 1 TN lebt selbständig.

Die kognitive Leistungsfähigkeit ist als gut zu bewerten, 1 TN hat leichte Einschränkungen.

(b) Ausgewählter Ansatz des GGT

WAHRNEHMUNG

Eine sensorische Empfindung, d.h. ein physikalischer Reiz, wird durch das entsprechende Sinnesorgan (sensorischer Rezeptor) aufgenommen und in die entsprechenden sensorischen Zentren des Gehirns weitergeleitet.

Im Alltagsverständnis wird das Wahrnehmen meist auf das Sehen und Hören beschränkt, aber erst das Zusammenspiel der verschiedenen Sinne ermöglicht dem Menschen die sinnlichen Erfahrungen, die notwendig sind, um sich in seiner Umwelt zu orientieren und Handlungen durchzuführen.

(c) Trainingsbeschreibung

Die Gruppe trifft sich wöchentlich für 2 Zeitstunden, sie besteht seit 8 Jahren.

Von diesem kontinuierlichen Training wurden 6 Sitzungen für diese Evaluation gesondert betrachtet.

Jede Stunde steht unter einem Sinneseindruck, wobei Riechen und Schmecken zusammengefasst werden.

1. Stunde „Sehen":

visuelle Aufmerksamkeit:

Dinge schätzen und beschreiben lassen, Vexierbilder, Kippbilder, Pferd und Reiter ordnen, Seh-Kim, Memory-Spiele, Bildergeschichte in logische Folge legen, Gegenstände ordnen, Personen erkennen, Muster fortsetzen usw.

2. Stunde „Hören":

auditive Wahrnehmung:

Geräusch-Szenen, Stille-Übungen, Lieder raten, Hör-Kim, Stimmen wiedererkennen, Einzelgeräusche in logischen Zusammenhang bringen, mit verbundenen Augen Geräusche erraten usw.

3. Stunde „Tasten":

taktile Wahrnehmung:

Münzen in Säckchen erraten, Formen ertasten, Oberflächenstrukturen erkennen, verschiedenen Materialien ertasten, subjektive Temperaturerfassung an warmen und kalten Gegenständen testen usw.

4. Stunde „Riechen" und „Schmecken"

olfaktorische Wahrnehmung:

Duft benennen, Gerüche der Kindheit zuordnen, Geruchsmemory, Parfüme erkennen usw.

gustatorische Wahrnehmung:

Teesorten probieren, Gewürze bestimmen, Säfte benennen, Wahrnehmung und Bestimmung von süß, sauer, salzig, bitter usw.

(d) Evaluation

In einem Vortest wurden die Sinne Sehen, Hören, Tasten, Riechen und Schmecken getestet. In 4 Trainingseinheiten sollte überprüft werden, ob sich die Wahrnehmung verbessert. Es wurden jeweils 10 Gegenstände dargeboten, die mit den unterschiedlichen Sinnen erfasst werden sollten.

Nach Auswertung des Nachtestes ließen sich Verbesserungen in fast allen Wahrnehmungsbereichen nachweisen. (Tests und Fragebögen siehe unten)

(e) Persönliche Erfahrung

Zur Gesamtauswertung lässt sich sagen, dass diese Trainingseinheiten anders abliefen als unsere normalen Gedächtnistrainingsstunden. In der Regel werden die Sinne sonst nicht so ausführlich und ausschließlich trainiert. Die Teilnehmerinnen waren vor dieser Evaluationsreihe nicht gewöhnt, so viel zu schreiben. Positiv anzumerken ist, dass hier bei vielen eine Verbesserung im „Umgang mit dem Stift" stattgefunden hat, d.h. im Nachtest wurde oft viel flüssiger geschrieben.

Im Vor- und Nachtest wurde nicht nur die Wahrnehmungsfähigkeit, sondern auch die Merkfähigkeit getestet, d.h., es wurden mehr Dinge gemerkt als im Vortest. Dies unterstreicht die Bedeutung der Wahrnehmungsfähigkeit für die Merkfähigkeit, denn nur Dinge, für die ich sensibilisiert bin, merke ich mir auch.

Gezieltes Wahrnehmungstraining hat dann Erfolg, wenn die Sinne nachher bewusster eingesetzt werden, wenn das Auge nicht nur sieht, sondern schaut, wenn das Ohr nicht nur hört, sondern horcht, wenn die Hand nicht nur tastet, sondern fühlt usw.

Eine direkte Kontrolle der sinnlichen Wahrnehmung ist kaum möglich, da immer Aspekte der Merkfähigkeit eine Rolle spielen.

Die vollständige Arbeit von Andrea Friese finden Sie im Abschnitt III.

(f) Kommentar

Wie schon in der persönlichen Erfahrung angesprochen wurde, ist hier in den Evaluationsaufgaben eine sehr starke Verknüpfung der Wahrnehmung mit der Merkfähigkeit vorgenommen worden. Es ist sogar zu vermuten, dass für diese Aufgabenstellung – speziell durch den Einsatz von Rechenaufgaben als Trennaufgaben – die Merkfähigkeit eine größere Rolle spielt als die reine Wahrnehmung.

Tipp: Es ist auch möglich, zur Überprüfung der Wahrnehmung hier vorgestellte Übungsbestandteile der einzelnen Stunden als Evaluationsaufgaben zu verwenden. Hier besteht zwar die Schwierigkeit, dass „Leistung" nicht so direkt ablesbar ist, aber dafür spielt bei vielen der Übungen tatsächlich nur die Wahrnehmungsfähigkeit eine Rolle.

Vortest / Nachtest Wahrnehmungstraining

Sehen

Aus einem Behälter werden im Abstand von 3 Sekunden 10 bekannte Gegenstände nacheinander gezeigt:

• Teddy	• Ente
• Kette	• Schlüssel
• Tuch	• Sieb
• Zollstock	• Buch
• Löffel	• Apfel

Kopfrechnen:

3 : 3   8 x 5   10 - 1   5 : 1   7 x 7   18 + 2

TN notieren die gemerkten Gegenstände.

Hören

KL liest eine Liste mit 10 Begriffen im Abstand von 3 Sekunden laut und deutlich vor:

• Sofa	• Glas
• Birne	• Essig
• Kerze	• Pudel
• Tinte	• Regal
• Sandale	• Amsel

Kopfrechnen:

3 x 7   4 x 4   2 + 17   9 - 3   15 - 9

TN notieren die gemerkten Begriffe.

Tasten

In zehn Beuteln befindet sich jeweils ein Gegenstand, der nicht zu sehen ist. Die Beutel werden im Abstand von 5 Sekunden an die TN abgegeben. Die enthaltenen Gegenstände sollen durch Tasten erkannt werden:

• Bürste	• Knopf
• Wäscheklammer	• Waschlappen
• Korken	• Radiergummi
• Würfel	• Murmel
• Muschel	• Münze

Kopfrechnen:

5 x 5   35 - 6   2 : 2   6 x 7   4 - 3   4 x 2

TN notieren die erkannten und gemerkten Gegenstände.

Riechen

Die TN erhalten im Abstand von 10 Sekunden 10 verschiedene flüssige oder feste Substanzen zum Riechen. Die Gerüche / Düfte sollen erkannt werden:

• Kaffee	• Knoblauch
• Eukalyptus	• Zimt
• Lavendel	• Seifenpulver
• Muskat	• Tabak
• Nelken	• Maggi

Kopfrechnen:

3 x 7   10 - 4   12 : 3   26 + 3   8 x 5   9 + 11

TN notieren die erkannten und gemerkten Gerüche.

Schmecken

Die TN bekommen in angemessenem Abstand 10 verschiedene Nahrungsmittelproben in flüssiger und fester Form zum Probieren:

• Apfel	• Weichlakritz süß
• Senfgürkchen	• saure Stäbchen
• Birne	• Erdbeerjoghurt
• Salzgebäck	• Eistee
• Kürbis süß-sauer	• Laugenbrezel

Kopfrechnen:

5 x 2   6 : 2   9 + 4   7 - 4   18 - 7

TN notieren die erkannten und gemerkten Nahrungsmittel.

5 Aus der Arbeit von Margaretha Hunfeld-Specker

(a) Zielgruppenbeschreibung:

Die kleine Gruppe besteht aus 4, manchmal 5 Frauen, alle über 80 Jahre alt, die neu in ein Pflegeheim eingezogen sind. Drei Frauen waren in allen Stunden gegenwärtig, auf sie bezieht sich die Einzelevaluation.

Die Frauen sind alle in ihrer Beweglichkeit eingeschränkt, eine TN sitzt im Rollstuhl. Es gibt große Leistungsunterschiede, alle sind demenziell erkrankt.

(b) Ausgewählter Ansatz des ganzheitlichen Gedächtnistrainings:

WAHRNEHMUNG

Etwas bewusst mit einem oder mehreren Sinnen aufnehmen.

(c) Trainingsbeschreibung:

5 Unterrichtsstunden mit je 45 Minuten. Die Wahrnehmungsübungen stammen aus dem Bereich Küche, Garten, Haushalt, Reisen; es ist anzunehmen, dass alle TN die Gegenstände kennen und möglichst viele Sinne angesprochen werden.

Jede Stunde hat folgenden Ablauf:

- Einstieg mit Lied
- Wahrnehmungsübung mit Gesprächssequenz
- Rätsel, Sprichwörter ergänzen, Rateübung
- Lied als Ausklang

Stundenbild:

- TN bekommen ein Gewürzsträußchen in die Hand, Fragen werden dazu gestellt: Hatten Sie einen Garten? Welche Speisen wurden mit diesen Pflanzen gewürzt? usw.
- In einem Korb sind Kirschen, Johannisbeeren, Gelierzucker, Marmeladenetiketten... Gesprächsanregungen: Welche Kirschen eigneten sich zum Einkochen? Haben Sie Ihrer Mutter beim Einkochen zugesehen? usw.

Für die Gespräche ist sehr viel Zeit eingeräumt worden (12 bzw. 20 Minuten), damit hier eine Verbesserung sichtbar werden kann.

(d) Evaluation:

Mit Wahrnehmungsübungen, die der Methode des biografischen Arbeitens entsprechen, kann das Langzeitgedächtnis auch bei demenziell veränderten Menschen aktiviert werden. Ich setze voraus, dass bei ihnen das Erzählen anders sein wird als bei gesunden älteren Menschen, aber die Frage war hier, ob durch intensive Wahrnehmungsübungen ein deutliches Plus an verbalen Äußerungen festzustellen ist.

Inwieweit unterstützen gezielt eingesetzte Wahrnehmungsübungen bei demenziell veränderten Menschen die Mitteilungsfähigkeit? Evaluationsgegenstand war ausschließlich die Wahrnehmungsübung mit der Gesprächssequenz.

Dazu wird in jeder Stunde ein Beurteilungsbogen (siehe unten) benutzt, der die verbale Mitteilungsfähigkeit misst und mit persönlichen Notizen zu den Leistungen in den einzelnen Wahrnehmungsübungen ergänzt wird.

Es wurden nur die 3 Teilnehmerinnen bewertet, die an allen 5 Stunden teilgenommen hatten.

TN A:

1. Stunde: Eher still, sitzt weit vom Tisch entfernt, macht stereotypische Handbewegungen, äußert sich nur, wenn ich direkt zu ihr gehe.

5. Stunde: War stark beteiligt, hatte Freude an den Übungen, Körperhaltung war zugewandt, ihre Wortbeiträge gingen über die Ein-Wort-Sätze hinaus.

TN B:

1. Stunde: Passiv, schlecht einzuschätzen, ob sie beteiligt ist. Sieht aus dem Fenster, keine verbale Äußerung.

5. Stunde: Immer noch passiv, lehnt Gegenstände ab, ich lasse sie in Ruhe. Die Übungen haben sie nicht erreicht bis auf eine Ausnahme: Bei der auditiven Übung „Alltagsgeräusche" war sie sehr interessiert, wie Mimik und Körperhaltung zeigte. Keine verbale Äußerung.

TN C:

1. Stunde: Interessiert, neugierig, kannte Kräuter, Kochen usw., singt gerne, fühlt sich wohl, ist angenehm ungestüm, ihre Äußerungen sind einzelne Worte, manchmal auch ein Satz.

5. Stunde: Interessiert wie immer, freut sich auf die Stunde, fühlt sich wohl. Ich muss sie manchmal bremsen in ihren verbalen Äußerungen, damit die anderen auch zum Zuge kommen.

Bei der Mehrheit der Gruppe ist eine Steigerung in der letzten Stunde erkennbar. Die Stunden sind als positive Gesamtentwicklung zu erkennen, spektakulär ist das Ergebnis jedoch nicht.

Bei TN A und C ist eine deutliche Steigerung der verbalen Mitteilungsfähigkeit festzustellen; diese beiden Frauen haben die Wahrnehmungsübungen auch sehr gerne gemacht. Bei TN B ist das anders, sie akzeptierte die Übungen nicht, die ich mitbrachte, und mochte auch nichts in die Hand nehmen.

(e) Persönliche Erfahrung:

Für weitere Evaluationsarbeiten mit demenziell veränderten Menschen würde ich die (schriftlich fixierte) teilnehmende Beobachtung für jede Teilnehmerin einem generalisierten Bogen für die gesamte Gruppe vorziehen.

Demenziell veränderte Menschen aus der Geschlossenheit ihrer Welt zu holen und Kommunikation zu ermöglichen, war durchaus auch über einen Blick oder ein Lächeln möglich.

Anmerkung:
Spektakulär ist das Ergebnis nicht, was aber bei dieser Gruppe auch nicht zu erwarten war.

(f) Kommentar

Hier ist ein Modell bei einer Gruppe dementer Personen durchgeführt worden. Das zeigt, dass Evaluation bei jedem Training, bei jeder Zielgruppe einzusetzen ist. Eigentlich ist hier jedoch nicht Wahrnehmung trainiert worden, sondern Wahrnehmung wurde als Methode zur Steigerung der Kommunikationsleistung bzw. Mitteilungsfähigkeit eingesetzt und evaluiert. Die Evaluation durch Beobachtung bezieht sich also nicht auf Wahrnehmung, sondern auf die Fähigkeit, sich mitzuteilen. Insgesamt also ein gutes Modell zum Training und zur Evaluation von Mitteilungsfähigkeit, jedoch nicht von Wahrnehmung.

Tipp: Da bei größeren Gruppen nicht alle Teilnehmerinnen gleichzeitig beobachtet werden können, ist für individuelle Beobachtungen ein generalisierter Bogen schwer auszufüllen. Hier könnte man sich dadurch behelfen, dass man sich in einzelnen Stunden bei der Beobachtung jeweils nur auf wenige Teilnehmerinnen konzentriert, die Evaluation also über mehrere Trainingssitzungen verteilt.

Beurteilungsbogen

Beobachtungskriterien für die einzelnen Teilnehmerinnen, von der Kursleiterin auszufüllen:

Sitzposition
(Schwerhörige sitzen neben mir),
Körperhaltung: interessiert, aufrecht, von mir abgewandt?
Was fällt mir besonders auf?
Veränderung der Sitzposition im Laufe der Übungsstunde?

Mimik: beteiligt, gleichgültig, aufmerksam?
Veränderung der Mimik im Verlaufe der Übungsstunde?

Thema: Kennen die einzelnen Teilnehmerinnen die Gegenstände? (Kräuter…)
Mimik, verbale Äußerungen: Werden Erinnerungen wach?

Wohlbefinden: Wird zwischendurch gelacht? Geschmunzelt? Freuen sich die TN, wenn eine Übung gelingt? Nehmen Sie die Übungen als angenehm wahr?
Gesichter gegen Ende der Stunde aufgeschlossen? Ist jemand abgedriftet? Hat jemand die Übungen abgelehnt? Ist Angst erzeugt worden vor den Übungen? Habe ich alle ansprechen können oder ist mir jemand „durchgerutscht"?

Klima: Ist ein Gruppengefühl entstanden?
Sind in der Gruppe alle zum Zug gekommen?
Hat jemand sich ganz ausgeklammert? Gehen sie zufrieden aus der Stunde?

6 Aus der Arbeit von Ilka Königstein-Simons

(a) Zielgruppenbeschreibung

Teilnehmerinnen im Alter zwischen 65 - 88 Jahren, wohnend in einer Seniorenwohnanlage „Betreutes Wohnen" – eigenständig, fit, sorgen für sich und ihre Wohnung, gestalten ihre Freizeit, haben vielseitige Interessen. Treffen vierzehntägig – für 1,5 Std., relativ neue Gruppe.

(b) Ausgewählter Ansatz des GGT

WORTFINDUNG

Hierbei handelt es sich um Arbeiten mit dem aktiven und passiven Wortschatz, Abrufbarkeit der Wörter aus dem Wortspeicher.

Ein großer Wortschatz verbessert die Kommunikationsfähigkeit.

Gerade unter dem Aspekt des Alleinwohnens kann sich der Wortschatz vermindern.

(c) Trainingsbeschreibung

Das Training umfasste 3 Einheiten; u.a. wurde trainiert:

a) Gemeinsamkeiten:

Welche Begriffe lassen sich jeweils vor die vorgegebenen Wörter setzen, so dass neue sinnvolle Begriffe entstehen.

Rinne - Tonne - Bogen - Schirm	**Regen**
Gruß - Strauß - Schale - Beet	**Blumen**
Ziege - Führer - Hütte - Bahn	**Berg**
Fahrer - Bahn - Reifen - Schlüssel	**Auto**
Ball - Schlag - Schuh - Arbeit	**Hand**
Nacht - Sucht - Schein - Fahrt	**Mond**
Scheibe - Nudeln - Wurm - Breite	**Band**
Wappen - Rat - Teil - Fest	**Stadt**
Macher - Rücken - Stütze - Messe	**Buch**
Schutz - Leiter - Wehr - Melder	**Feuer**
Matte - Pilz - Ball - Tritt	**Fuß**
Personal - Vogel - Seil - Abfertigung	**Zug**
Programm - Anzug - Land - Essen	**Abend**
Bogen - Wasser - Schutz - Schirm	**Regen**
Fall - Glas - Sucht - Geld	**Wasser**
Pflanzen - Linde - Mann Fenster	**Zimmer**
Schuhe - Nummer - Tür - Ordnung	**Haus**
Problem - Speicher - Spaltung - Obst	**Kern**
Schrift - Lage - Gang - Lande	**Nieder**
Ball - Haus - Führer - Glas	**Opern**

b) Wortsammlung:

Nach vorgegebenen Kriterien sind möglichst viele Wörter zu sammeln.

Gesucht werden Wörter mit der Silbe „Pi" am Anfang:

Pirmasens, Pistole, Pille, Pinguin...

(d) Evaluation

Diese beiden Trainingsformen wurden in jeder Stunde durchgeführt.

Bei Übung a) wurden jeweils 20 Wörter gesucht (in jeder Stunde neue Wörter).

Die Zeit, in der die Gruppe die Aufgabe löste, wurde gestoppt.

1. 17 Minuten
2. 15 Minuten
3. 14 Minuten

Bei Übung b) wurden 10 Minuten Zeit vorgegeben. (In jeder Stunde neue Silben)

4. 25 Begriffe
5. 34 Begriffe
6. 41 Begriffe

(e) Persönliche Erfahrung

Mit Hilfe der Übungen konnte man sehr viel für seine Wortfindungsqualität und -quantität tun.

Mit gutem Gewissen kann ich daher auf die Frage „Bringt das überhaupt was?" jedem Pessimisten mit einem klaren „JA" antworten.

(f) Kommentar

Hier zeigt sich sehr schön, wie mit einfachsten Mitteln eine gute, auf das Wesentliche fokussierte Evaluation durchgeführt werden kann.

Tipp: Möglicherweise würde es Sinn machen, zusätzlich zu den Gruppenergebnissen eine strukturierte Beobachtung durchzuführen, um zu erfassen, ob sich einzelne Teilnehmer an dieser Gruppenleistung sehr unterdurchschnittlich oder sehr überdurchschnittlich beteiligen.

7 Aus der Arbeit von Henrike Mihm

(a) Zielgruppenbeschreibung

Die Gruppe besteht aus 6 Damen im Alter von 44 - 56 Jahren. Die Damen sind teilzeitberufstätig, bzw. stark im Ehrenamt engagiert. Alle Damen sind fit. Es handelt sich um ein freies Training im Bekanntenkreis.

(b) Ausgewählter Ansatz des GGT

KONZENTRATION

Der Begriff ist abgeleitet vom lateinischen Wort „concentrare", das soviel bedeutet wie: „sich in einem Punkt vereinigen". Sich konzentrieren meint, die ungeteilte Aufmerksamkeit eine Zeitlang auf eine Sache zu richten.

Konzentration ist *selektiv*, d.h. sie wählt aus, unterscheidet zwischen wesentlichen und unwesentlichen Dingen und ist *zeitlich begrenzt*. Außerdem besteht die Möglichkeit, Konzentration *willentlich zu steuern*.

(c) Trainingsbeschreibung

Es war ein abgeschlossenes Training mit drei Trainingssitzungen von je 90 Minuten.

Zur Einstimmung und zur Entspannung wurde zu Beginn jedes Trainings eine kleine „Traumreise" gemacht, denn ein entspannter Zustand ist Voraussetzung für eine gute Konzentration. Weil sich der Trainingsansatz „Konzentration" selbstverständlich nicht ganz isoliert von den übrigen Trainingsansätzen des GGT trainieren lässt, wurde eine bunte Mischung von Übungen zusammengestellt, die mit dem Thema „Konzentration" zu tun haben.

Während der Übungsstunden tranken die TN außerdem reichlich Wasser, denn genauso wie Entspannung ist auch die ausreichende Versorgung des Körpers mit Flüssigkeit eine wichtige Voraussetzung für die Konzentration.

Beispielübungen für die Konzentration:

- In einem Text „Auf dem Bauernhof" sind auch wortübergreifend Tiere versteckt, die herausgefunden werden sollen.
  Z.B.: Weich <u>und</u> geschmeidig <u>schaffte</u> die <u>Katze</u> den Sprung <u>ans</u> <u>Hühnerhaus</u>.
- Bewegungs-ABC nach John Grinder. Die Buchstaben des Alphabets sind auf einem DIN A 4 Blatt gedruckt und darunter jeweils ein L, R, B. Bei L wird der linke Arm gehoben, bei R der rechte, bei B beide. Das ABC soll laut vorgelesen und die jeweils darunter stehende Bewegung soll gleichzeitig ausgeführt werden.
- Auf einem Blatt sind geometrische Figuren gezeichnet, in denen eine andere Bezeichnung geschrieben steht (z.B.: In einem Kreis steht Viereck). Es sollen die gezeichneten Figuren genannt werden. (AB 34 aus der Trainingsmappe 2)

(d) Evaluation

Um eine Veränderung nach den durchgeführten Trainingseinheiten (TE) feststellen zu können, wurden 2 Fragebögen erstellt und es wurde ein zeitvergleichender Test durchgeführt: Geometrische Figuren (Trainingsmappe 2, AB 34). Die Fragen in den Fragebögen dienten dazu, über den subjektiven Trainereindruck hinaus ein Bild von der Gruppe zu erhalten.

Zu Beginn der 1. TE füllten die TN den Fragebogen 1 aus und stoppten die Zeit, die sie zum fehlerlosen Benennen der Figuren des Tests benötigten. Zum Abschluss der 3. TE wurde der Fragebogen 2 ausgefüllt und die benötigte Zeit für den Test erneut erfasst. Ziel dieser Evaluationsinstrumente war es, einen Unterschied zwischen der Situation bzw. dem Zustand vor und nach dem Konzentrationstraining feststellen zu können und so Rückschlüsse auf die Wirksamkeit der durchgeführten Aufgaben in den TE zu ermöglichen.

Bei der Frage „Ich kann mich konzentrieren" lag eine Bewertungsskala von 1 (=ausgezeichnet) bis 6 (=schlecht) zugrunde

Teilnehmerin	Ich kann mich konzentrieren 1	Ich kann mich konzentrieren 2	Zeit Figuren benennen 1	Zeit Figuren benennen 2
1	4	4	1 Min	1 Min
2	5	4	2 Min	55 Sek
3	3	2	1 Min 5Sek	1 Min
4	5	4	2 Min 20 Sek	1 Min 2 Sek
5	4	4	45 Sek	45 Sek
6	4	4	72 Sek	70 Sek

Es hat sich gezeigt, dass die Gruppe sehr homogen war. Alle TN empfanden die Traumreise zu Beginn jeder TE als sehr angenhem und besonders die Bewegungselemente wurden gelobt. Der Aufbau und der Ablauf der TE kamen gut an und übereinstimmend haben alle Damen viele Anregungen und Tipps für die Gestaltung des Alltags in Bezug auf das Thema „Konzentration" erhalten.

Trotz des begrenzten Trainingsumfanges lässt sich aus den Ergebnissen eine Verbesserung der Konzentration bei den Teilnehmerinnen ableiten.

(e) Persönliche Erfahrung

Die schematische Gegenüberstellung des „Vorher - Nachher" bei den 6 TN ist natürlich nur bedingt geeignet, ein allgemein gültiges Fazit zu ziehen. Ein weiteres erwähnenswertes Ergebnis der insgesamt durchweg positiven Einschätzung unserer Trainingseinheiten ist eine neue fortlaufende GT-Gruppe, die im Herbst starten wird.

(f) Kommentar

Auch hier liegt ein gutes, knappes Evaluationsmodell vor. Schön ist hier die Kombination von subjektiven Einschätzungen („Ich kann mich konzentrieren") mit objektiven Maßen (benötigte Zeit für eine Konzentrationsaufgabe).

Tipp: Die „weichen" Fragen der guten und knappen Fragebögen (siehe unten) sollten bei der Auswertung auch berücksichtigt werden. Speziell die Fragen „Was hat mir das Konzentrationstraining gebracht?" oder „Welche Tipps und Anregungen nehme ich mit?" des zweiten Fragebogens könnten für die Beurteilung der Trainingseinheit interessant sein.

Fragebogen 1

Evaluation zum Thema „K O N Z E N T R A T I O N"

Liebe Teilnehmerinnen,

zunächst erst einmal vielen Dank, dass Sie sich für dieses Projekt zur Verfügung gestellt haben!

Bitte beantworten Sie die nachfolgenden Fragen,
und markieren Sie ihre Antwort auf der Skala von
1 (= ausgezeichnet), **2** (= sehr gut), **3** (=gut), **4** (= im Großen und Ganzen o.k.),
5 (= nicht so gut) bis **6** (= schlecht) :

<u>Fragen zur Person</u>

- Mein Alter ist > 40 Jahre ☐   > 50 Jahre ☐   > 60 Jahre ☐
- Ich bin z.Zt. berufstätig ja ☐   nein ☐
- Ich fühle mich gestresst ja ☐   nein ☐
- Ich kann mich konzentrieren **1** ☐ **2** ☐ **3** ☐ **4** ☐ **5** ☐ **6** ☐

Bitte beantworten Sie die folgenden Fragen :

- Wann bzw. in welchen Situationen **fällt es mir schwer**, mich zu **konzentrieren** ?

....

....

- Wann, bzw. in welchen Situationen **gelingt es mir gut**, mich zu **konzentrieren** ?

....

....

- Was **erwarte** ich für mich von dem **Konzentrationstraining** ?

....

....

Benötigte Zeit für die Übung   **„Formen benennen"** : ....

Fragebogen 2

Evaluation zum Thema „K O N Z E N T R A T I O N"

Liebe Teilnehmerinnen,

nochmals vielen Dank, dass Sie die Zeit und Geduld aufgebracht haben, mich bei diesem Projekt zu unterstützen!

Bitte beantworten Sie nun zum Ende unserer Trainingseinheiten die nachfolgenden Fragen, und markieren Sie wieder ihre Antwort auf der Skala von
1 (= ausgezeichnet), **2** (= sehr gut), **3** (=gut), **4** (= im Großen und Ganzen o.k.),
5 (= nicht so gut) bis **6** (= schlecht) :

Fragen zur Person

- Mein Alter ist   > 40 Jahre ☐   > 50 Jahre ☐   > 60 Jahre ☐

- Ich fühle mich z.Zt. gestresst   ja ☐   nein ☐

- Ich kann mich konzentrieren   **1** ☐   **2** ☐   **3** ☐   **4** ☐   **5** ☐   **6** ☐

Bitte beantworten Sie die folgenden Fragen :

- Was hat mir das **Konzentrationstraining** gebracht ?

....

....

- Welche Tipps und Anregungen nehme ich mit ?

....

....

- Was ist sonst noch zu sagen (z.B. zum Ablauf, zu den Methoden usw.) ?

....

....

Benötigte Zeit für die Übung: **„Formen benennen" :** ....

8 Aus der Arbeit von Friederike Müller

(a) Zielgruppenbeschreibung

Die Gruppe bestand aus 11 Mitarbeitern eines Tagungs- und Kongresshotels. Es handelte sich um Personen zwischen 20 und 51 Jahren aus verschiedenen Arbeitsbereichen (Abwaschkräfte aus der Hotelküche, Buchhalter, Lehrer, Haustechniker, Azubis und Verwaltungsangestellte).

(b) Ausgewählter Ansatz des GGT

MERKFÄHIGKEIT

Dies ist die Fähigkeit, Wahrnehmungen kurzfristig und langfristig zu speichern.

Die Merkfähigkeit ist abhängig von Interesse, Motivation, Konzentration sowie psychischer und physischer Verfassung. Ohne Merkfähigkeit keine Lernfähigkeit.

(c) Trainingsbeschreibung

Die einzelnen TN sollten in die Lage versetzt werden, sich eingehende Informationen besser einzuprägen, indem diese Informationen in „Struktur" gebracht werden. Strukturierte Informationen lassen sich anschließend auch leichter abrufen.

Als Trainingsmethode wurde daher das Element „Strukturieren" ausgewählt. Bei dieser Methode müssen Informationen geordnet und ergänzt sowie Zusammenhänge erkannt werden. Durch die Unterordnung oder/und Überordnung von Begriffen sollen Informationen geordnet abgespeichert und Zusammenhänge aufgedeckt werden.

Es werden gesucht:

- o Oberbegriffe, z.B.: Joghurt, Sahne, Käse... sind Milchprodukte
- o Unterbegriffe, z.B.: Zur Fußbekleidung gehören Stiefel, Pantoffeln, Sandalen...

(d) Evaluation

Die TN des Seminars wurden in zwei Gruppen mit je 5 und 6 Personen aufgeteilt. Die TN wurden so auf die Gruppen verteilt, dass jede etwa die gleiche Anzahl von Verwaltungs- und Servicekräften enthielt. Auch auf eine etwa gleiche Altersstruktur wurde geachtet.

Beide Gruppen wurden räumlich voneinander getrennt. Gruppe 1 wurde mit der Methode des Strukturierens vertraut gemacht, Gruppe 2 als Kontrollgruppe nicht. Beide Gruppen sollten sich in je 3 Minuten eine Einkaufsliste mit 20 Artikeln und eine Liste mit 20 Tieren einprägen.

Dabei sollte Gruppe 1 die Methode des Strukturierens anwenden. Die erinnerten Begriffe beider Gruppen wurden ausgewertet.

Um ein sicheres Evaluationsergebnis zu erhalten, wurde im Anschluss ein weiterer Test vorgenommen. Dazu wurde zunächst die zweite Gruppe ebenso gründlich wie zuvor die erste Gruppe mit der Methode des Strukturierens vertraut gemacht.

Beide Gruppen wurden dann, nach Sitzordnung getrennt, wieder in einem Raum versammelt. Allen TN wurden nun 20 Begriffe des Themenbereiches „Fernsehen" präsentiert. In 3 Minuten sollten möglichst viele der Begriffe gemerkt und nach den 3 Minuten aufgeschrieben werden. Die Blätter wurden nach Gruppen sortiert (Gruppe 1 – Kontrollgruppe), eingesammelt und ausgewertet. Die erinnerten Begriffe wurden gezählt.

Themenbereich	Gruppe 1	Kontrollgruppe
	mit Strukturieren	*ohne Strukturieren*
Einkaufen	12	9
Tiere	11	8
	mit Strukturieren	*mit Strukturieren*
Fernsehen	12	11

In der Auswertung der ersten beiden Themenbereiche war Gruppe 1 deutlich merkfähiger als Gruppe 2. Dieses Ergebnis bestätigt die These, dass TN mit Vorkenntnis der Methode „Strukturieren" eine höhere Merkfähigkeit aufweisen.

Im Themenbereich Fernsehen nähern sich die Ergebnisse beider Gruppen auffällig an, da bei diesem Themenbereich auch die 2. Gruppe über Kenntnisse des Strukturierens verfügte.

Es hat sich gezeigt, dass sich mit der Methode des Strukturierens die Merkfähigkeit deutlich verbessern lässt.

(e) Persönliche Erfahrungen

In mehreren Gesprächen musste den TN zunächst die Angst vor einer Bloßstellung genommen werden. Ein Teil der Gruppe belächelte den Gedanken an „Gedächtnistraining" eher, ein anderer Gruppenteil hatte bereits konkrete Alltagssituationen vor Augen, in denen Gedächtnistraining von Nutzen sein könnte. Keiner der TN hatte je eine Übung zum Thema gemacht: die Vorstellungen dazu lagen zwischen Rätselspielen (Günter Jauch) und Kreuzworträtseln. Insgesamt überwog bei allen Gruppenmitgliedern die Neugierde.

Angemerkt werden sollte an dieser Stelle, dass sich Gruppe 2 beim Überprüfen des Themenbereichs Fernsehen mental ein wenig als „Unterlegene" fühlte, da sie in den vorherigen Bereichen ohne Vorkenntnisse in den Test ging, also weniger Erfahrung und Übung im Strukturieren als Gruppe 1 hatte. Der Test zeigt, dass sich subjektiv empfundene Benachteiligung nicht im Ergebnis niederschlägt. Auch das macht die Relevanz der Evaluation deutlich, da subjektives Empfinden und objektive Fähigkeiten nicht übereinstimmen müssen.

Die vollständige Arbeit von Friederike Müller finden Sie im Abschnitt III.

(f) Kommentar

Hier haben wir ein Modell mit einem sehr ausgeklügelten Design. Wie man sieht, lässt sich mit einem solchen Vorgehen eine sehr gründliche Evaluation durchführen. Da sich die beiden Gruppen bei den ersten beiden Themenbereichen nur durch Kenntnis der Methode „Strukturieren" unterscheiden, können Unterschiede in den Ergebnissen mit großer Sicherheit durch die Effektivität dieser Methode erklärt werden. Gestärkt wird diese Annahme noch durch das Angleichen der Ergebnisse im dritten Themenbereich, wo beide Gruppen über die Methode verfügen.

Tipp: Dieses Vorgehen hat den Nachteil, dass es sehr aufwendig und nicht immer möglich ist. Es muss also immer gründlich abgeschätzt werden, ob der Aufwand gerechtfertigt ist oder ob man sich einfacherer Vorgehensweisen bedienen sollte.

9 Aus der Arbeit von Petra Pfitzner:

(a) Zielgruppenbeschreibung

Die Gruppe besteht aus 12 Personen (4 Männer und 8 Frauen), darunter sind 2 Ehepaare. Alle TN sind zwischen 72 und 91 Jahre alt. Der Kurs fand in der Einrichtung „Betreutes Wohnen" im Wohnpark statt.

Die Gruppe ist heterogen im Hinblick auf Wahrnehmungsfähigkeiten, Körpermotorik und Allgemeinbildung. 2 TN können wegen Sehschwäche nicht an schriftlichen Arbeiten teilnehmen, 1 TN ist leicht dement, 1 anderer hat leichte Sprachstörungen. Der überwiegende Teil der Gruppe ist geistig rege und aufgeschlossen.

(b) Ausgewählter Ansatz des Ganzheitlichen Gedächtnistrainings

KOMMUNIKATION

Die Kommunikation ist Grundlage und Voraussetzung des menschlichen Miteinanders. Prof. Nehen (Vortrag im Rahmen der Referentenqualifizierung Januar 2003) verglich den Menschen in diesem Zusammenhang mit einer Gehirnzelle, die allein nicht bestehen könne. Auch der Mensch ist auf eine Vernetzung mit Seinesgleichen angewiesen, und diese Vernetzung wird überwiegend durch die Kommunikation sichergestellt.

(c) Trainingsbeschreibung

3 Trainingseinheiten im Rahmen eines kontinuierlichen Trainings mit je 90 Minuten. Für das Ausfüllen eines Fragebogens kam die Gruppe am ersten Tag und am letzten Tag 30 Minuten früher.

Der Stundenablauf war wie in einer „gewöhnlichen" Gedächtnistrainingsstunde mit Singen, Bewegungen, Entspannungspausen. Die Übungen hatten den Schwerpunkt bei den Trainingszielen Wortfindung, Assoziationen, biografisches Arbeiten, Formulierung, Phantasie, Überlegen.

Ein Großteil der Zeit war den Gesprächsanregungen zu den Themen der jeweiligen Übungen gewidmet. Beispiel: Wenn Sie eine noch lebende berühmte Person sein könnten, wer wären Sie dann gern? Wir erfinden eine Familie! Wer schrieb in Poesiealben? usw.

Die Stunden fanden immer im heißen Sommer bei über 30 Grad statt, so dass die Hitze auch ein Thema war. Beispiel: Wie misst man Temperaturen, woher kommt der Name Celsius? usw.

Ziel des Trainings ist es
- zur Kommunikation zu ermutigen
- diese zu fördern
- und qualitativ durch Wortschatzerweiterung zu verbessern.

(d) Evaluation

Die Auswertung des schriftlichen Fragebogens ergab ein klares Bild der Selbsteinschätzung der TN (Häufigkeiten der Nennungen in eckigen Klammern).

1. Ich finde heute schneller den Begriff als zu Beginn des Trainings:
ja [10]   nein [0]   vielleicht [2]

2. Mir fallen mehr Begriffe ein als zu Beginn des Trainings:
ja [11]   nein [0]   vielleicht [1]

3. Mir fallen seltenere Wörter ein als zu Beginn:
ja [11]   nein [0]   vielleicht [1]

4. Wenn ich drankomme, fühle ich mich:
etwas nervös [1]   wie immer [11]   entspannt [0]

5. Außerhalb des Trainings unterhalten wir uns:
über das Training [0]   über andere Dinge [1]   über beides [11]

6. Meinen Freunden und Bekannten erzähle ich über unser Training:
nie [0]   selten [0]   gelegentlich [7]   oft [5]

(Test gekürzt)

Die Blätter wurden zügig und ruhig durchgearbeitet, gelegentlich kam es zu Fragen, die sofort beantwortet wurden.

Fazit: Diese Form der Evaluation hat gezeigt, dass sich zumindest in der subjektiven Einschätzung der TN eine Verbesserung ergeben hat. Selbst wenn eine Verbesserung nicht objektiv nachweisbar wäre, hätten die TN nun keine Angst mehr vor Kommunikation.

(e) Persönliche Erfahrung

Bei einigen Fragen und deren Beantwortung wurde deutlich, dass die TN die gesamten Stundenverläufe vor Augen hatten und nicht nur die Sequenz dieser Evaluation. Das verfälscht das Ergebnis aber nicht, da Kommunikation in dieser Gruppe immer mein bevorzugtes Arbeitsfeld ist.

Ich finde es wichtig, dass Reflexion und Auswertung zu regelmäßigen Instrumenten der Gruppenarbeit gehören. Damit habe ich Lieblingsübungen erfragt oder erfahren, dass einige TN sehr gerne diskutieren. Daher biete ich das nun an. Ebenso Gesprächanlässe, die gleichzeitig einen Weg in die Biografie der TN öffnen. Auch wenn die Evaluation noch einige Mängel aufweist, möchte ich sagen, dass ich von der Verbesserung der Wortfindungsfähigkeit meiner Teilnehmer überzeugt bin und dass der Fragebogen das bestätigt.

(f) Kommentar

Bei diesem interessanten Ansatz ist zu bemerken, dass – zumindest in den hier ausgewählten Evaluationsfragen – auch die Fähigkeit der Wortfindung eine wesentliche Rolle spielt. Dennoch kann man auch dadurch sicherlich Rückschlüsse auf die Kommunikationsfähigkeit ziehen. Sehr schlüssig ist hier die Begründung für die Wahl der Selbsteinschätzung als Evaluaionsmaß, da es sicher richtig ist, dass Kommunikationsfähigkeit eng mit dem Selbstvertrauen in kommunikativen Situationen korrespondiert.

Tipp: Nach dem Gefühl der Trainerin hat eine objektive Verbesserung stattgefunden. In einer Wiederholung sollte das Ziel der Evaluation sein, genau darüber Wissen zu erlangen und nicht fühlen zu müssen.

10 Aus der Arbeit von Gertraud Posdziech

(a) Zielgruppenbeschreibung

3 Personen, 2 Frauen und ein Mann zwischen 57 und 62 Jahren. Eine Frau ist berufstätig, die beiden anderen sind ein Ehepaar. Alle sind sehr aktiv und nehmen an unterschiedlichen Freizeitangeboten teil. Das Training fand bei einem Teilnehmer im Garten statt.

Vorher wurde klargestellt, dass nicht die teilnehmenden Personen getestet würden, sondern die Übungseinheiten und das Ziel des Trainings.

(b) Ausgewählter Ansatz des GGT

URTEILSFÄHIGKEIT

Treffen einer Entscheidung nach Abwägen aller bekannten Fakten. Eine Meinung über Sachverhalte, Ereignisse oder Personen wird gebildet.

(c) Trainingsbeschreibung

Es handelt sich um ein abgeschlossenes Training in 5 Tagen, je Sitzungsdauer gibt es 4 Unterrichtseinheiten.

Ablauf des Trainings:
    1 Teststunde mit schriftlichem Fragebogen (in der Anlage)
    3 Trainingseinheiten
    Abschlusstest

1. Trainingsstunde:

- Aufwärmübung
- Übungstyp „Ausschließen": Welcher Begriff passt nicht zu den anderen 4 Begriffen? Öl – Käse – Margarine – Butter – Schmalz. *Lösung: Käse, weil dieser kein reines Fett ist. Aber auch Öl, weil es flüssig ist.*
- Übungstyp „Behauptung": Ist das richtig oder falsch: Krokant nennt man mit Zucker geröstete Mandeln oder Haselnüsse. *Lösung: richtig.*
- und weitere

2. Trainingsstunde

- Arbeitsblätter mit Aufgaben logischer Rätsel, Wissensfragen, Umschreibungen von Begriffen usw.

3. Trainingsstunde

- Arbeitsblätter mit Aufgaben der Übungstypen Nachdenken, Entscheidungen, Teekesselchen usw.

Es wurden immer Hausaufgaben gegeben und in der nächsten Stunde besprochen.

Abschlusstest in der Anlage

(d) Evaluation

Es wurde das Evaluationsziel „Beurteilen" gewählt, weil Urteilsfähigkeit für den Alltag sehr wichtig ist. Oft ist die Fähigkeit, über eine Situation oder eine Person ein Urteil zu fällen, plötzlich außer Kraft gesetzt.

Die Teilnehmer konnten ihren Erfolg in der Befragung mitteilen.

TN 1: Der männliche TN gab erst an, nicht profitiert zu haben, kam am Ende der Trainingszeit aber doch zu dem Urteil, dass auch er noch mehr für sich machen kann.

TN 2: Seine Ehefrau sieht, dass es gut möglich ist, mit Hilfe von den Übungen wie Ausschließen, Entscheiden usw. zu lernen, sofern man das möchte.

TN 3: Der dritten TN hat das Training Spaß gemacht, sie ist sich aber noch nicht schlüssig darüber, ob Beurteilen trainierbar ist oder nicht.

Das Ergebnis der Fragebogenauswertung: die TN haben die Erfahrung gewonnen, welche Möglichkeiten in ihrer Beurteilungsfähigkeit steckt, sie sind in der Lage, ihrer eigenen Beurteilung zu trauen.

(e) Persönliche Erfahrung

Ich bin mit dem Ergebnis sehr zufrieden, allerdings denke ich, dass es spannend wäre, das Training über einen längeren Zeitraum und mit weiteren Personengruppen durchzuführen, um genauere Erkenntnisse auf die Auswirkungen von Urteilsfähigkeit zu gewinnen.

(f) Kommentar

Urteilsfähigkeit ist sicherlich eine sehr schwer zu beobachtende Fähigkeit und daher auch schwer zu evaluieren. Hier wurde der Weg gewählt, die subjektive Einschätzung des Trainingserfolgs als Evaluationsmaß heranzuziehen. Das ist legitim und sehr ökonomisch. Man nimmt jedoch Verzerrungen in Kauf, die bei Selbstbeurteilungen dieser Art auftreten können. Möglichkeiten, dies zu umgehen hat man nur, wenn man versucht, Urteilsfähigkeit direkt zu beobachten.

Tipp: Urteilsfähigkeit ließe sich z.B. in Form von kniffligen Entscheidungsaufgaben evaluieren. Einerseits könnte die getroffene Entscheidung an sich als Kriterium dienen, andererseits gäbe es auch die Möglichkeit ein „Entscheidungsprotokoll" anfertigen zu lassen, in dem die Teilnehmer schildern, wie sie zu ihrer Entscheidung gekommen sind. Natürlich gilt auch hier, dass solche aufwendigeren Verfahren sich immer an Standards der Durchführbarkeit messen lassen müssen, dass also entschieden werden muss, ob der zu erwartende Mehrwert der Ergebnisse den Aufwand rechtfertigt.

Fragebogen zur Ministudie „Beurteilen"

1. Haben Sie in der Vergangenheit eine Erfahrung gemacht, die es Ihnen heute erleichtert, eine bestimmte Situation gut zu beurteilen?   Nennen Sie bitte ein Beispiel:

2. Der Betrieb oder Verein legt Ihnen eine Bilanz zur Prüfung vor. Wie gehen Sie bei der Beurteilung vor?

3. Was halten Sie für wichtig, um eine Beurteilung über jemanden leichter zu fällen?

4. Treffen Sie häufig Entscheidungen spontan und „aus dem Bauch heraus"? Nennen Sie bitte ein Beispiel, bei dem solch ein Verhalten besonders gut und / oder besonders schlecht war:

5. Viele Dinge im alltäglichen Leben sind selbstverständlich, auch das wichtige Gefühl der Freude. Nennen Sie einige Begebenheiten und Beispiele von heute morgen an bis jetzt, die Sie erfreut haben:

6. Hat das Gedächtnistraining Sie angeregt und aufmerksam gemacht, bestimmte Situationen leichter einzuschätzen und zu beurteilen? Nennen Sie bitte ein Beispiel:

Code: --

Fragebogen zur Ministudie „Beurteilen"

Bitte beantworten Sie folgende Fragen:	Stimmt völlig	Stimmt überwiegend	Stimmt manchmal	Stimmt kaum	Stimmt gar nicht
1. Meine Entscheidungen treffe ich oft aus dem Bauch heraus.					
2. Wenn ich eine bessere Ausbildung hätte, könnte ich bestimmte Entscheidungen sicherer treffen.					
3. Fernsehen ist geeignet, um Sachverhalte gut zu vermitteln.					
4. Das Fernsehen vermittelt mir gute Bildungsangebote.					
5. Es gibt wenige Möglichkeiten in meinem Alltag etwas für meine geistige Fitness zu tun.					
6. Soziale Kontakte sind mir wichtig, um meinen geistigen Horizont immer wieder zu erweitern.					
7. Es kann für mich nützlich sein, wenn ich eine brisante Entscheidungssituation rechtzeitig erkenne.					
8. Wenn ich auf der Straße sehe, dass ein Mensch in Bedrängnis gerät, greife ich spontan ein.					
9. Wenn ich eine wichtige Entscheidung zu treffen habe, diskutiere ich die Tragweite der Entscheidung ausführlich.					
10. Mein Wissen und meine Fähigkeiten kann ich gut im Alltag nutzen.					
11. Wenn jemand an meiner Wohnungstür steht und Hilfe braucht, bin ich grundsätzlich misstrauisch.					
12. Vertraute Umgebung hilft mir, schwierige Situationen leichter zu beurteilen.					
13. Vieles, was ich in der Schule gelernt habe, kann ich in meinem Alltag gebrauchen.					
14. Ich fühle mich oft unsicher, wenn ich eine wichtige, nicht alltägliche Entscheidung treffen soll.					
15. Immer mehr Schulungen und Fortbildungen sind nötig, um mit der Zeit Schritt zu halten.					

11 Aus der Arbeit von Ursula Schulten

(a) Zielgruppenbeschreibung

Die Gruppe besteht aus 8 Frauen im Alter zwischen 60 und 75 Jahren. Jede führt ihren eigenen Hausstand. Außer durch einen kleinen „Schnupperkurs" haben sie keine Erfahrung mit Gedächtnistraining. Der Veranstaltungsort ist ein evangelisches Gemeindezentrum.

(b) Ausgewählter Ansatz des GGT

WORTFINDUNG

- Der Begriff meint Arbeiten mit dem passiven und aktiven Wortschatz, Abrufbarkeit der Wörter aus dem Wortspeicher.
- Ein angewandter, großer Wortschatz verbessert die Kommunikationsfähigkeit und lässt differenzierte Ausdrucksweisen zu.
- Ältere Menschen suchen häufig nach Worten bis hin zu Wortfindungsstörungen.

(c) Trainingsbeschreibung

Es fanden drei Trainings zu je 90 Minuten statt. Es war ein abgeschlossenes Training, das im Herbst zu einer neuen GT-Gruppe führen soll.

- Der Sprachschatz soll erweitert werden.
- Die Geschwindigkeit, mit der Worte abgerufen werden, soll gesteigert werden.
- Es geht darum, den aktiven und passiven Wortspeicher zu trainieren und zu aktivieren.

Mittel: Übungstypen wie Anagramm, Wortergänzung und Wortverwandlung.

Beispiel: Anagramm

Aus den Buchstaben des Wortes „Sommernachtstraum" sollen so viele Wörter wie möglich neu zusammengestellt werden.

Beispiel: Wortergänzung

Die für die Reihe jeweils zutreffenden Endbuchstaben sollen gefunden werden.

Ro...   Brem...   Lin...   Ba...   (Lösung: ...se)

Beispiel: Wortverwandlung

Wie kommt die Resi zur Post? Verändern Sie in jeder Zeile einen Buchstaben, bis aus dem Anfangswort das Endwort entstanden ist.

Resi   Rest   Rost   Post

(d) Evaluation

Die Wörter für das Anagramm haben in allen TE 16 - 18 Buchstaben, 5 - 6 Vokale und 12 - 13 Konsonanten.

Einzelarbeiten mit schriftlichen Tests sollten eine genaue Beurteilung ermöglichen. Die Messzeiten blieben unverändert.

Anagramme: 6 Minuten je Wort

Wortergänzung: 15 Minuten für 15 Reihen je Unterrichtseinheit

Wortverwandlung: 15 Minuten

Die Aufgabenmenge für die Wortverwandlung steigerte ich wie folgt:

1. TE   4 Aufgaben
2. TE   8 Aufgaben
3. TE   9 Aufgaben

Ausgewertet wurden die Ergebnisse von 5 TN, die regelmäßig an den Trainingssitzungen teilgenommen hatten.

Das Gruppenergebnis in Zahlen und Prozenten

Anagramme:

1. TE   94 Wörter   100%
2. TE   111 Wörter   +18%
3. TE   128 Wörter   +28%

Nach dem Messergebnis ist bei 4 Personen eine kontinuierliche Steigerung zu erkennen. Eine TN hat sich beim 2.Test verbessert (24 statt 19 Wörter), beim 3. wieder verschlechtert (20 Wörter)

Wortergänzung:

1. TE   52 gelöste Aufgaben   100,0%
2. TE   54 gelöste Aufgaben   + 3,9%
3. TE   63 gelöste Aufgaben   +21,2%

Wortverwandlung:

1. TE   von 20 Aufgaben 8 gelöst   40,0%
2. TE   von 40 Aufgaben 19 gelöst   + 7,5%
3. TE   von 45 Aufgaben 26 gelöst   +17,8%

Die Verbesserung der Wortfindung und die Geschwindigkeit, mit der die Wörter abgerufen wurden, konnte bei allen TN deutlich gesteigert werden

(e) Persönliche Erfahrungen

Beobachtungen und TN-Aussagen:

Die TN waren hoch motiviert und freuten sich auf die Trainingseinheiten.

Die Übung Anagramme ist bei allen TN beliebt. Die TN arbeiteten eigenständig und sehr konzentriert. Die Zeitmessungen konnten in Ruhe und ohne Hektik stattfinden.

Die vorher unbekannte Übung Wortergänzung machte den TN bei jeder TE mehr Spaß.

Die bisher unbekannte Übung Wortverwandlung wurde auch, nachdem die Gruppe damit vertraut war, nicht beliebt.

Rückblickend bin ich erfreut, wie reibungslos alles geklappt hat und wie gut sich alle TN auf die Evaluation eingelassen haben. Der unterschiedliche Bildungs- bzw. Leistungsstand hat unter den TN nicht zu Ärger oder Missgunst geführt. Im Gegenteil freuen sich alle auf einen neuen Kurs im Herbst.

Die Ergebnisse haben mich sehr erstaunt. Alle 3 Übungstypen weisen eine Steigerung auf, das hätte ich bei den Störfaktoren wie Hitze und Lärm nicht erwartet.

(f) Kommentar

Auch hier ist gut zu sehen, wie mit relativ geringem Aufwand Übungsaufgaben zu Evaluationszwecken genutzt wurden und wie auch mit einem so schlanken, aber klaren Vorgehen gute Ergebnisse (im Sinne guter Information über das Training, nicht im Sinne starker Leistungssteigerung!) erzielt werden können. Die teilweise starken Verbesserungen kommen zum Teil vermutlich auch durch eine Gewöhnung an die neuen Aufgabentypen zustande. Es wurde also nicht ausschließlich die Wortfindung, sondern auch Vertrautheit mit der Aufgabe gemessen.

Tipp: Man sollte für die Evaluation neuartige Aufgaben verwenden, die jedoch auch Wortfindung messen müssen. Das macht das Vorgehen zwar wieder aufwendiger, aber der Aufwand sollte sich lohnen.

12 Aus der Arbeit von Hedwig Zaeck

(a) Zielgruppenbeschreibung

Die Gedächtnistrainingsgruppe besteht aus 8 Bewohnern (3M / 5F) des „Betreuten Wohnens" (seit 1/2 bis 6 J.) im Alter von 75 - 85 Jahren. Die Gruppe besteht seit ca. 1 Jahr. Ein hohes Niveau an Allgemeinwissen ist festzustellen.

(b) Ausgewählter Ansatz des GGT

ASSOZIATION

Es soll erreicht werden: das rasche Verknüpfen von Informationen, das zügige Verbinden von Gedanken und damit eine Voraussetzung für das Lernen und Merken im Alltag.

(c) Trainingsbeschreibung

Es soll geprüft werden, ob nach 4 Trainingseinheiten von je 90 Minuten, (14.30 - 16.00) je 1x pro Woche der ausgewählte Ansatz „Assoziation" verbessert werden kann.
Das Training dauert 4 Wochen; mit der 1. Woche beginnt Test 1. In den folgenden Wochen werden verstärkt Übungen eingebaut, die das Assoziieren trainieren. In der 4. Woche findet Test 2 statt.

(d) Evaluation

Zur Evaluation wurden selbst entwickelte Testbögen verwendet (s.u., der zweite Test war analog aufgebaut, mit anderen Begriffen). Die maximale Bearbeitungszeit wurde auf 10 Minuten für den gesamten Test festgelegt. Dieser Test wurde nach einem Punktesystem bewertet. In der folgenden Tabelle finden sich die erzielten Punktwerte (t1 = Test 1, t2 = Test 2).

	TN A		TN B		TN C		TN D		TN E		TN F	
	t1	t2	t1	t2	t1	t2	t1	t2	t1	t2	t1	t2
Übung A	14	18	5	6	12	20	7	5	12	18	5	15
Übung B	16	14	6	5	18	16	6	12	18	18	17	12
Übung C	8	7	3	5	3	7	5	8	6	7	11	7
Übung D	0	15	0	0	0	5	0	0	10	10	0	10
Gesamt	**38**	**54**	**14**	**16**	**33**	**48**	**18**	**25**	**46**	**53**	**33**	**44**

(e) Persönliche Erfahrung

Wie in der Auswertung zu sehen ist, haben sich alle Teilnehmer in der Punktzahl verbessert, wiewohl sie nicht alle bei jeder Übung mehr Punkte erreichten. Ausschlaggebend für die höhere Punktzahl war die Vertrautheit mit den Übungen, die durch das verstärkte Assoziationstraining entstand. Dadurch hatten die TN in Test 2 mehr Sicherheit und konnten in der zur Verfügung stehenden Zeit den ganzen Test A-D bearbeiten.

Die Antwort auf die Masterfrage: Ist es möglich, innerhalb von 4 Wochen das Trainingsziel „Assoziieren" mit meiner Gedächtnistrainingsgruppe zu verbessern? ist folgende: Da die TN seit längerem GT praktizieren, ist das Maß an Leistung lediglich geringfügig und nur Stück für Stück steigerbar, bedingt durch die Vertrautheit mit der Übung und die Routine, Gedanken zügig miteinander zu verknüpfen. Es entsteht dadurch Sicherheit und das Arbeitstempo kann langsam gesteigert werden.

Eine interessante Feststellung hat sich herausgestellt. Die höchsten Punktzahlen wurden von Herrn A. und Frau E. erreicht. Sie sind mit 86 Jahren die ältesten Mitglieder der Gruppe.

Ich fand die Durchführung der Evaluation sehr spannend.

Eine Evaluation bringt gesicherte Erkenntnisse, die sonst nur erahnt werden. Diese Erkenntnisse lassen mich als Gedächtnistrainerin mit Gelassenheit in die Zukunft schauen:

Gezieltes Gedächtnistraining führt zur Steigerung der vorhandenen Kapazitäten.

Die vollständige Arbeit von Hedwig Zaeck finden Sie im Abschnitt III.

(f) Kommentar

Dieses Modell versucht auf eine gute Art und Weise eine schwierig zu beobachtende Fähigkeit wie die Assoziationsfähigkeit quantifizierend zu erfassen. Dies gelingt mit dem entwickelten Test auch recht gut. Der Test misst in dieser Durchführung nicht nur Assoziation, sondern auch Arbeitsgeschwindigkeit bzw. die Fähigkeit zum Einteilen von Zeit. Besonders deutlich wird das daran, dass einige Teilnehmer bei der letzten Übung 0 Punkte erzielten. Das ist kein Ergebnis schlechter Assoziationsfähigkeit, sondern fehlender Zeit.

Tipp: Der Test sollte entweder ohne Zeitbeschränkung durchgeführt werden, oder man muss aufgabenspezifische Zeitlimits wählen und jede Aufgabe für sich „stoppen". Dadurch hätten alle Teilnehmer bei allen Aufgaben die gleichen Bedingungen gehabt und auch die Vergleichbarkeit von Vor- und Nachtest wäre besser gewährleistet gewesen.

Test 1 – Assoziieren

Übung A

Welche Begriffe oder Symbole fallen Ihnen zu folgenden Tieren ein?

Bär _____
Elefant _____
Fisch _____
Frosch _____
Löwe _____

Übung B

Zu einem Substantiv (Hauptwort), einem Verb (Tätigkeitswort) und einem Adjektiv (Eigenschaftswort) werden jeweils drei Personen (real oder fiktiv) gesucht.

Auto	essen	schnell
....	....	....
....	....	....
....	....	....

Minister	reisen	lustig
....	....	....
....	....	....
....	....	....

Übung C

1. Was kann alles jung sein?

2. Was kann man alles teilen?

Übung D

Vier Wörter haben ein gemeinsames Bezugswort

Buch – Körper – Charakter – Dreieck   ....

Erde – Verwandtschaft – Schraube – Kompanie   ....

Ei – Gefängnis – Haut – Kloster   ....

13 Aus der Arbeit von Christa Zöller

(a) Zielgruppenbeschreibung

Sieben Teilnehmer (TN), sechs Frauen, ein Mann, im Alter zwischen Mitte fünfzig und Anfang siebzig. Sie wollen präventiv etwas für ihr Gedächtnis tun. Eine TN wohnt in einem Haus mit betreutem Wohnen. Alle anderen wohnen allein oder mit Lebenspartner und führen selbständig ihren Haushalt.

(b) Ausgewählter Ansatz des GGT

FORMULIEREN

Übungen zum Formulieren fördern gleichzeitig Wortfindung und assoziatives Denken. Beim Sammeln und Auswählen von Wendungen und Symbolen wird sowohl das LZG als auch die Denkflexibilität trainiert.

Zudem wird die bewusste Wahrnehmung der Syntax (Satzbau) und Semantik (Wortbedeutung) der eigenen Muttersprache angeregt und die Freude am kreativen Umgang mit dem eigenen Sprachschatz gefördert. Mehr Spaß am Formulieren und am Schreiben, mehr Fantasie, Überwinden von Hemmungen, größere Redegewandtheit, bzw. mehr mündliche Beteiligung von Seiten der stillen TN gehören zum Trainingsziel.

Definition Formulieren: Einen Sachverhalt oder Gedanken in sprachlich richtiger Form ausdrücken.

(c) Trainingsbeschreibung

Das Gedächtnistraining findet regelmäßig alle vierzehn Tage statt.

Besonders schriftliches Formulieren von kurzen Prosatexten wurde gewählt. Hierbei handelt es sich um ein sehr komplexes Trainingsziel.

5 Trainingseinheiten von 90 Minuten wurden durchgeführt. Durch eine schriftliche Kurzbefragung vor Beginn der 1. Trainingseinheit zeigt sich ein großer Unterschied in der Einstellung und Selbsteinschätzung in Bezug auf Formulieren innerhalb der Gruppe.

Während der Stunden gab es unter anderen Übungen mehrere Formulierungsübungen. Hier finden Sie als Beispiel eine Formulierungsübung, die als Hausaufgabe gestellt war:

„Biographie" eines Gegenstandes, vorzugsweise eines solchen, der eine besondere Bedeutung für den Besitzer hat. Idealerweise berichtet der Gegenstand in der Ich-Form wie eine Person vom Leben bei seinem Besitzer, erzählt von seiner Herkunft, was seine Aufgabe ist, ob seine Lebensbedingungen angenehm oder anstrengend sind usw.

Es handelt sich für die „Autoren" um eine Übung im schriftlichen oder mündlichen Formulieren, je nachdem, ob die Geschichte zu Hause aufgeschrieben oder anhand von Stichworten in der Stunde erzählt wird. Die ZuhörerInnen trainieren ihre Konzentrationsfähigkeit, ihr KZG sowie die Kombinationsgabe beim Raten.

Es werden drei Geschichten vorgetragen und durch Nachfragen auch die Gegenstände erraten. Die Konzentration auf das Raten lenkt von der Tatsache ab, dass es ums Formulieren geht und führt von allein zu aufmerksamem Zuhören. Erzähler und Zuhörer müssen assoziativ denken, die Informationen im Kurzzeitgedächtnis speichern und aus den Fragen und Antworten Schlüsse ziehen. Alle sind einbezogen und äußerst konzentriert.

Ein weiteres Beispiel für eine schriftliche Formulierungsübung ist die in Partnerarbeit zu erstellende Definition „Was sind Touristen?" Es sollen zehn mehr oder weniger ernsthafte Definitionen gefunden werden.

(d) Evaluation

Mit Hilfe eines Fragebogens wird der Trainingserfolg ermittelt.

Erst der Fragebogen am Ende der TE brachte ans Licht, dass TN A mündlich eher zurückhaltend, sich auch als einzige nur „mindestens einmal pro Woche" jemandem mitteilt, aber mehrmals pro Woche Tagebuch schreibt. TN B schreibt regelmäßig Andachten und hat früher für die Kameraden bei der Bundeswehr die Liebesbriefe verfasst. Fast alle haben früher viel Briefe geschrieben, TN C tut das immer noch gern.

Bei TN A konnte eine deutliche Zunahme ihrer mündlichen Beteiligung festgestellt werden. Bis auf zwei Ausnahmen („muss mich überwinden", „lästig") fanden alle die Schreibaufgaben im GT „anregend", „spannend", „eine schöne Abwechslung", „etwas zum Nachdenken", „mal etwas Anderes" (Zitate).

Zwei extreme Pole in der Einstellung zum Schreiben und Formulieren besetzten TN B und TN D. Während bei TN B eine sehr positive Erfahrung – eine Eins im Aufsatz mit etwa 12 Jahren – eine dauerhaft positive Einstellung zum schriftlichen Formulieren begründete, konnten die Trainingseinheiten bei TN D nichts gegen schlechte Erfahrungen aus der Schulzeit ausrichten, zumindest bezogen auf die bewusste Wahrnehmung. Auch TN D trug wie die anderen TN Formulierungen zusammen, stellte Definitionen auf, fand Wortkombinationen mit übertragener Bedeutung, beschrieb Gegenstände oder Personen auf neue, kreative Weise; dabei merkte sie aber gar nicht, dass sie Formulierungsfähigkeit übte und verbesserte.

Das zeigt die Notwendigkeit von Evaluation, da Selbsteinschätzungen nicht mit der tatsächlichen Veränderung von Fähigkeiten übereinstimmen müssen.

(e) Persönliche Erfahrungen

Die Durchführung der Trainingseinheiten hat dazu geführt, dass einige TN mich durch ihre mangelhaften Fragestrategien überraschten. Es stellt sich also die Frage, ob auch Fragetechniken deren Defizienz sonst eventuell „unentdeckt" geblieben wäre, durch den Trainings- und Evaluationsansatz verbessert werden können.

(f) Kommentar

Dieses Modell verfolgt einen interessanten Ansatz zur Evaluation einer schwer zu erfassenden Fähigkeit. Die Evaluation konzentriert sich fast ausschließlich auf Schreibgewohnheiten, die aber nur einen Teil des Formulierens ausmachen.

Tipp: Man könnte hier als Evaluationsgrundlage Kriterien zur Beurteilung angefertigter Formulierungsaufgaben erstellen, an denen sich die tatsächliche „Formulierungs-Leistung" ablesen lässt. Ebenso denkbar wäre eine Beobachtung der einzelnen Teilnehmer, z.B. mit Blick auf Dauer und Anzahl, evtl. auch die Komplexität der mündlichen Beiträge in einer Stunde.

Fragen zum Thema „Schreiben im Gedächtnistraining (GT)"

Name:......................

1) Wie oft schreiben Sie normalerweise etwas?
seltener als 1x pro Woche____   mindestens 1x pro Woche____
mehr als 3x pro Woche ___
andere Angaben_____

2) Was schreiben Sie am häufigsten?
Einkaufszettel_____
Postkarte_____
Brief oder E-Mail____
Geschichte___
Vortrag oder Ähnliches___
Tagebuch____
Andere Art von Text_____

3) Wie oft erzählen Sie jemandem etwas persönlich oder am Telefon?
seltener als einmal pro Woche___   mindestens 1x pro Woche____
mehr als 3x pro Woche____   andere Angaben _____

4) Erzählen Sie Ihre Erlebnisse lieber:
mündlich____
schriftlich____ (z.B. in Briefen)?

5) Welche Erinnerungen haben Sie an das Schreiben von Aufsätzen in der Schule?
gute___   schlechte___
Kommentar_____

6) Gab es eine Zeit in Ihrem Leben, zu der Sie gern geschrieben haben?
ja____   nein____

Wenn ja:
Briefe an Brieffreunde   _____
Poesiealbumssprüche   _____
Gedichte   _____
Geschichten   _____
Tagebuch   _____
Anderes: _____

Wenn nein, warum nicht?
_____

7) Wie erleben Sie die Gedächtnistrainings-Stunde?
eher privat____   eher wie Schule____   weder noch____
andere Einschätzung_____

8) Wie empfinden Sie Schreibaufgaben in der GT-Stunde?
lästig____   als Leistungsdruck____   anregend____   es geht so____
spannend____   muss mich überwinden____
andere Kommentare_____

9) Erinnern Sie sich noch, mit welchen Erwartungen Sie zum ersten Mal zum GT kamen?

eher positiven____   eher negativen____   weder noch____
eigener Kommentar_____

10) Haben Sie schriftliche Hausaufgaben für GT gemacht? (Hier dürfen mehrere Kreuzchen gemacht werden)

Wenn ja:
Weil sie schon immer gern schreiben ____
Weil es mal etwas Anderes ist ____
Weil Sie sich gern in der GT-Gruppe mitteilen ____
Weil Sie sich unter Druck fühlen ____
Sonstiges_____

Wenn nicht:
Weil Sie keine Zeit hatten ____
Weil Sie keine Idee hatten ____
Weil Ihnen die Aufgabe nicht klar war ____
Weil es Sie an die Schule erinnert ____
Weil Sie Hemmungen hatten ____
Sonstiges_____

Vielen Dank für Ihre Mühe !

III. Vollständig ausgewählte Arbeiten

Auf den folgenden Seiten finden Sie drei exemplarisch ausgewählte Arbeiten vollständig abgedruckt. Es handelt sich dabei um die Arbeiten von Andrea Friese, Friederike Müller und Hedwig Zaeck. Die Arbeiten sind hier im Original-Layout (teilweise verkleinert) abgedruckt.

1 Originalarbeit von Andrea Friese

Andrea Friese
Pädagogische Fachkraft /
Fachtherapeutin für Hirnleistungsstörungen

Evaluation von Gedächtnistraining

Stundenreihe zum Trainingsziel
"Wahrnehmung"

Inhalt

	Seite
1. Vorbemerkungen	1
2. Beschreibung der Zielgruppe	2
3. Beschreibung der Trainingsziele	4
4. Zeitplan der Durchführung	7
5. Reflexion der einzelnen Stunden	
a) Vortest	7
b) 1. Stunde: Thema „Sehen"	8
c) 2. Stunde: Thema „Hören"	9
d) 3. Stunde: Thema „Tasten"	10
e) 4. Stunde: Thema „Riechen" und „Schmecken"	11
f) Nachtest	12
6. Auswertung der gesamten Trainingsreihe	13
7. Literatur	15
8. Anhang:	
a) Die einzelnen Stundenkonzepte	17
b) Tabellen zur Teilnehmer-Struktur	22
c) Statistiken zur Auswertung der einzelnen Stunden	24

1. Vorbemerkungen

Wahrnehmung ist die unmittelbarste Beziehung zwischen dem Menschen und seiner Umwelt. Zimbardo[1] gliedert den Wahrnehmungsprozess in drei aufeinander folgende Phasen, um ihn besser verstehbar zu machen:

1. Am Beginn steht die sensorische Empfindung, d. h. ein physikalischer Reiz wird durch das entsprechende Sinnesorgan (sensorischer Rezeptor) aufgenommen und über die afferenten Nervenbahnen in die entsprechenden sensorischen Zentren des Gehirns weitergeleitet und dort gespeichert.
2. Durch Reduktion und Transformation, beruhend auf Vergleichen dieses neuen Reizes mit bisher Gespeichertem, entsteht die eigentliche Wahrnehmung im engeren Sinne, so dass eine Auswahl und Bewertung der Information stattfinden kann.
3. Anschließend werden die wahrgenommenen Reize in vertraute Kategorien eingeordnet. Diese Klassifikation beruht auf den bisher gemachten Erfahrungen und führt zu einer sprachlichen oder motorischen Reaktion oder zu einem Erkennungs- oder Entscheidungsvorgang.[1]

Im Alltagsverständnis wird das Wahrnehmen meist auf das Sehen und Hören beschränkt. Aber erst das Zusammenspiel der verschiedenen Sinne ermöglicht dem Menschen die sinnlichen Erfahrungen, die notwendig sind, um sich in seiner Umwelt zu orientieren und Handlungen durchzuführen.

Die Entwicklung der Sinne beginnt bereits im Mutterleib. Die Funktionsfähigkeit ist schon vom Tag der Geburt an gegeben; jedoch erst der alltägliche Gebrauch der Sinnesorgane führt zu den Erfahrungen, die eine Weiterentwicklung der Wahrnehmungsfähigkeit erst möglich machen. Die Sicht der Welt wird durch die persönlichen Erlebnisse eines jeden Einzelnen geprägt, verwoben in die biografischen Stationen des individuellen Lebensweges.

Seit Maria Montessori und Rudolf Steiner ist das Wahrnehmungstraining in der Kindergartenpädagogik zur Selbstverständlichkeit geworden. Pädagogen beklagen den zunehmenden Verlust der Eigentätigkeit der Kinder und fordern die handlungsorientierte Auseinandersetzung mit den Sinnesleistungen sowie die Schulung der Wahrnehmungsfähigkeit durch explizite Aufnahme in die Lehrpläne der Grundschule. Begründet wird dies mit dem zunehmenden Verlust direkter sinnlicher Eindrücke in einer Zeit der fortschreitenden Mediatisierung.[1]

---

[1] Zimbardo, Philip G., Psychologie, Berlin / Heidelberg, 6. Aufl. 1995
[1] Zimbardo, a.a.O., S. 159 ff
[1] s. auch Zimmer, Renate, Handbuch der Sinneswahrnehmung. Grundlagen einer ganzheitlichen Erziehung, Freiburg / Basel / Wien 1995, S. 24

Auch im Erwachsenenalter hat das Sich-Einlassen auf sinnliches Erleben durchaus seine Berechtigung: so werden Ereignisse aus der biografischen Vergangenheit oftmals durch Erinnern an bestimmte Sinnesempfindungen wieder aus dem Unterbewusstsein abgerufen und lösen dadurch wieder ein Besinnen auf sich selbst aus.[1]

Die Wahrnehmungsfähigkeit begleitet den Menschen bis zu seinem Tod, auch wenn mit fortschreitendem Alter einzelne oder mehrere Sinne in ihrer Funktion beeinträchtigt werden können. In der Regel lassen Seh- und/oder Hörsinn als erstes nach, auch das Geruchs- und Geschmacksempfinden wird im Alter oft schlechter.

Kommen wir auf den Ausgangspunkt dieser Vorüberlegungen zurück: Wenn also die Sinne die Verbindung zwischen Innen- und Außenwelt des Menschen sind, ist ein regelmäßiges Wahrnehmungstraining im Hinblick auf die Erhaltung oder (eingeschränkte) Wiederherstellung von Alltagskompetenzen wichtig und notwendig.

2. Beschreibung der Zielgruppe

a) Trainingsort

Das Gedächtnistraining findet seit Eröffnung des AWO-Seniorenzentrums Bergheim-Kenten (April 1996) regelmäßig jeden Mittwoch von 15.00 – 17.00 Uhr im Wintergarten im Erdgeschoss des Hauses statt und ist für alle BewohnerInnen offen. Durch die Bewohnerfluktuation im Allgemeinen ändert sich natürlich die Teilnehmer-Struktur des Kurses auch von Zeit zu Zeit. Im Seniorenzentrum leben 100 Bewohner im pflegeorientierten Bereich und 33 Personen im Bereich „Betreutes Wohnen".

b) Teilnehmer-Struktur

Alter: Die Trainingsgruppe besteht z. Z. aus 14 Teilnehmerinnen im Alter zwischen 68 und 93 Jahren.[1] Das Durchschnittsalter der Gruppe beträgt somit 80,8 Jahre.[1]

Wohnformen: Die Teilnehmerinnen leben in verschiedenen Wohnformen: 8 TN im Betreuten Wohnen, 5 TN im pflegeorientierten Bereich und 1 TN hat eine Wohnung außerhalb.

Biografische Angaben zum Beruf: 11 der 14 Teilnehmerinnen waren berufstätig, d.h. 79 % der TN. Die restlichen 3 TN waren und sind bis heute auf Befragen hin immer sehr aktiv und interessiert an ihrer Umwelt. Mit 5 TN (= 36 %)[1] ist der gelernte und/oder ausgeübte Beruf im

---

[1] s. Zimmer, a.a.O., S. 20
[1] Stand: August 2003
[1] Die Gruppe ist damit dem Bereich der Hochaltrigen zuzurechnen, wenn man darunter die über 80Jährigen versteht; s. Vierter Bericht zur Lage der älteren Generation, BM FSFJ, S. 55
[1] Ausgangszahl der Berechnung ist die Gesamtzahl der TN, also 14

Büro-/Verwaltungsbereich überproportional vertreten. 3 TN (21 %) waren im Verkauf tätig, 2 TN im Pflegebereich (14 %) – diese Berufsgruppen haben also immer im Kontakt mit Menschen gestanden.

c) Erfassung ausgewählter Funktionseinschränkungen der Teilnehmergruppe

Kognitive Fähigkeiten: Die kognitiven Fähigkeiten der Teilnehmerinnen sind als durchschnittlich bis gut zu bewerten, lediglich eine Dame leidet an einer altersbedingten Demenz. Da diese TN jedoch früher im Betreuten Wohnen gelebt hat und den anderen gut bekannt ist, wird sie in der Gruppe akzeptiert. Man hilft ihr bei den Übungen und gibt ihr das Gefühl, dass sie dazugehört.

Beim Vortest der Wahrnehmungsreihe stellte sich heraus, dass zwei Teilnehmerinnen in allen Bereichen am besten abschnitten. Eine TN wohnt noch außerhalb der Einrichtung in einer eigenen Wohnung, die andere ist erst vor kurzem in das Betreute Wohnen gezogen und hat sich von daher noch viele Kompetenzen durch eine selbständige Lebensführung erhalten können. Eine weitere Bewohnerin des Pflegebereichs, die auch recht gut abschnitt, führt als Hobby noch Handarbeiten mit komplizierten Mustern aus.[1]

Sensorische Funktionen: Im höheren Lebensalter lassen am häufigsten neben den kognitiven und sensomotorischen[1] Fähigkeiten die sensorischen Funktionen nach.[1] Aus diesem Grund wurden die Teilnehmerinnen nach ihren Funktionseinschränkungen in Bezug auf Sehen und Hören gefragt und statistisch ausgewertet.

Eine einzige Teilnehmerin braucht nach ihren eigenen Aussagen keine Brille; d.h. 93 % der TN benötigen eine Sehhilfe. Trotz Brille sehen immer noch 6 TN schlecht, das sind 43 %. Die Funktionseinbußen beim Hören sind in dieser Gruppe nicht ganz so gravierend; immerhin brauchen 64 % der Gruppe kein Hörgerät. Außerdem kann mit 29 % fast ein Drittel der Gruppe mit gut eingestelltem Hörgerät nach eigenen Angaben gut hören.[1]

Sonstige Erkrankungen: Wichtig für diese Trainingsreihe ist die Diabetes-Erkrankung einer Teilnehmerin, da bei den Geschmackstests und Probierübungen auf diese TN Rücksicht genommen werden muss. Es sollen möglichst Nahrungsmittel mit Fruchtzucker ausgewählt werden.

---

[1] Eine andere TN ist seit ihrer Geburt körperbehindert (verkürzte Arme mit einem Stumpf). Trotz ihrer Behinderung erzielte sie gute Ergebnisse im Bereich „Tasten".
[1] Auf die sensomotorischen Funktionen (Gleichgewicht, Koordination, Mobilität) soll an dieser Stelle nicht eingegangen werden.
[1] s. auch Bundesministerium für Familie, Senioren, Frauen und Jugend, Vierter Bericht zur Lage der älteren Generation, S. 160
[1] Diese Angaben entsprechen den Auswertungen im „Vierten Bericht zur Lage der älteren Generation", a.a.O., S. 160

d) Befindlichkeit der Teilnehmer

Während des Zeitraums der Durchführung der Mini-Evaluations-Reihe herrschte wochenlang in ganz Deutschland eine Hitzewelle, die erst Mitte August etwas abschwächte. Dies beeinträchtigte natürlich auch die Befindlichkeit der Teilnehmer ganz massiv. Die Wärme wurde auch immer wieder zum Anlass genommen, auf die Wichtigkeit der Flüssigkeitszufuhr hinzuweisen und immer genügend Kaltgetränke bereit zu haben. Nach der ersten Gedächtnistrainingsstunde wurde ein Fragebogen zur momentanen Befindlichkeit verteilt, um in der nächsten Woche besser auf die Situation der TN eingehen zu können.

3. Beschreibung der Trainingsziele

Im Mittelpunkt dieser kleinen in sich abgeschlossenen Gedächtnistrainingseinheit steht das gezielte Trainieren der Wahrnehmungsfähigkeit.

Wahrnehmung erfolgt über unsere fünf Sinnesorgane (Augen, Ohren, Haut, Nase, Mund): aufgenommene Reize werden registriert und mit den vorhandenen Erinnerungen und Erfahrungen im Großhirn verglichen. Dadurch schafft sich jeder sein persönliches Bild seiner eigenen Erlebniswelt.

Auch wenn in der folgenden Beschreibung die Teilkompetenzen der Sinnesbereiche einzeln betrachtet werden, ist Wahrnehmung ein ganzheitlicher Prozess und steht ständig auch in Korrespondenz mit anderen Elementen wie Konzentration, Logisches Denken, Merkfähigkeit usw. Von daher werden die einzelnen Stundenkonzepte der Reihe zwar jeweils einen Sinnesbereich zum Oberthema haben, jedoch sollen in jeder Stunde möglichst viele Sinne kontinuierlich trainiert werden, um eine Effektivität zu gewährleisten.

Ob sich ein solches Wahrnehmungstraining bei der getesteten Gruppe als wirkungsvoll erweist, wird die Schlussauswertung zeigen.

I. Sehen (Visuelle Wahrnehmung)

Teilkompetenzen:

Bereich	Beispiele für Übungen
1. Visuelle Aufmerksamkeit: Bereitschaft, visuelle Reize aufzunehmen und sich darauf zu konzentrieren; beeinflusst die wahrgenommene Dauer kurzer Reize	• Kinesiologische Übungen (Positive Punkte, Nackenrolle, Augenachten, Cross Crawl mit Augenkreisen, Eule, Liegende Achten schreiben) • Dinge schätzen lassen • Dinge beschreiben lassen
2. Visuelle Figur-Grund-Wahrnehmung: Fähigkeit, eine bestimmte Form/Gestalt/Figur in einem diffusen Umfeld zu erkennen; nur das, was sich deutlich abhebt, kann als eigenständiges Objekt wahrgenommen werden.	• Vexierbilder, Kippbilder • Pferd und Reiter • Gegenstände ordnen • Paare bilden • Gegenstände erfühlen • Personen erkennen • Kim-Spiele • Memory-Spiele

Bereich	Beispiele für Übungen
3. Formwahrnehmung: a) Form-Konstanz-Wahrnehmung: Erkennen geometrischer Grundformen und unterschiedlicher Größen; b) Formendifferenzierung: Unterscheidung nach Gestaltmerkmalen (rund, eckig, gerade, schräg, offen, geschlossen)	• Gegenstände nach einer Beschreibung erkennen • Zwei identische Bilder aus einer Reihe herausfinden • Muster nachlegen • Original und Fälschung unterscheiden
4. Farbwahrnehmung: Fähigkeit, Farben zu erkennen und zu unterscheiden	• Farbtafel SIMA-Studie
5. Visuelle Merkfähigkeit: Fähigkeit, Gesehenes zu speichern und wiederzuerkennen	• Seh-Kim
6. Verstehen des Sinnbezuges / Visuelle Gliederung: Fähigkeit, das Gesehene zu verstehen und inhaltlich zuzuordnen	• Bildergeschichte in eine logische Reihenfolge bringen • Erlebnisschachtel • Sprichwörter zu Gegenständen zuordnen
7. Visuelle Serialität: Fähigkeit, verschiedene visuelle Reize in ihrer Reihenfolge wahrzunehmen und zu erkennen	• vorgegebenes Muster fortsetzen • Bildergeschichte in eine logische Reihenfolge bringen

II. Hören (Auditive Wahrnehmung)

Teilkompetenzen:

Bereich	Beispiele für Übungen
1. Auditive Aufmerksamkeit: Bereitschaft, akustische Reize aufzunehmen und sich darauf zu konzentrieren; beeinflusst die wahrgenommene Dauer kurzer Reize	• Kinesiologische Übungen (Denkmütze, Überkreuz-Übungen, Ohrenachten) • Malen von Mandalas bei meditativer Musik
2. Auditive Figur-Grund-Wahrnehmung: Fähigkeit, ein bestimmtes Geräusch aus einer Fülle von akustischen Reizen zu erkennen	• Geräusch-Szenen • Stille-Übungen: Welche „Nebengeräusche" hört man?
3. Auditive Lokalisation / Richtungshören: Fähigkeit, ein Geräusch / eine Stimme räumlich einzuordnen	• Mit verbundenen Augen raten, wer gerade spricht, woher ein bestimmtes Geräusch kommt
4. Auditive Diskrimination: Fähigkeit, Gehörtes zu erkennen und zu unterscheiden	• Wörter wiedererkennen • Lieder-Raten • Alltagsgeräusche raten • Musikinstrumente identifizieren
5. Auditive Merkfähigkeit: Fähigkeit, Gehörtes zu speichern und wiederzuerkennen bzw. Gespeichertes wiederzuerkennen	• Hör-Kim • Lieder-Raten • Stimmen aus Film, Funk und TV wiedererkennen
6. Verstehen des Sinnbezuges / Auditive Gliederung: Fähigkeit, das Gehörte zu verstehen und inhaltlich zuzuordnen	• Aufeinanderfolgende Einzelgeräusche in einen logischen Zusammenhang bringen (z.B. Unfall, Spielplatz ...) • Erlebnisschachtel • Geschichte mit verdrehten Wörtern

III. Tasten (Taktile Wahrnehmung)

Teilkompetenzen:

Bereich	Beispiele für Übungen
1. Berührungswahrnehmung: Passives Wahrnehmen durch einfaches Berühren	• Rückenbilder malen (jew. 2 Partner) • Igelballmassage (selbst oder mit Partner) • Wettergeschichte (Berührung nach Vorgabe) • Tastsäckchen mit unterschiedlichen Bürsten: was kratzt, was kitzelt, was streichelt?
2. Erkundungswahrnehmung: Aktives Wahrnehmen bestimmter Eigenschaften eines Gegenstandes wie z.B. · geometrische Formen, Maße, Proportionen, · Oberflächenbeschaffenheit wie Rauheit und Glätte, · Konsistenz (weich, hart, fest, flüssig), und zwar durch erkundende Handlungen der Hände, Füße und des Mundes	• Münzen erraten und Summe zusammenzählen (in Tastsäckchen) • Formen oder Gegenstände ertasten (in Tastsäckchen) • Formenpaare ertasten (in Tastsäckchen) • Oberflächenstrukturen erkennen und zuordnen • Verschiedene Materialien ertasten und Gegenständen zuordnen
3. Temperaturwahrnehmung: Wahrnehmen von Wärme und Kälte (in Abhängigkeit von subjektiven Voraussetzungen)	• Warme (z.B. Holz) und kalte (z.B. Metall) Materialien ertasten und dabei das subjektive Temperaturempfinden erkunden
4. Schmerzwahrnehmung: Reizinformation, die Gefahrenquellen aus der Umwelt anzeigt und somit als wichtiges Warnsystem hinsichtlich möglicher Schädigungen des Körpers dient	• Thema im Gespräch erwähnen

IV. Riechen (Olfaktorische Wahrnehmung)

Teilkompetenzen:

Bereich	Beispiele für Übungen
1. Geruchswahrnehmung: Fähigkeit, Gerüche / Düfte zu erkennen und zu unterscheiden	• Duftgalerie • Riechquiz • Geruchsmemory
2. Stimulierung des Limbischen Systems: Herstellen von gedanklichen Verbindungen zwischen Gerüchen / Düften und damit verbundenen Eindrücken / Emotionen	• Duftmeditation • Gerüche der Kindheit

V. Schmecken (Gustatorische Wahrnehmung)

Bereich	Beispiele für Übungen
Differenzierung der Geschmacksqualitäten: Wahrnehmung von süß, sauer, salzig, bitter	• Schmeck-Bar • Saft-Bar • Teeladen • Gewürze raten

4. Zeitplan der Trainingsreihe

Aufgrund meiner Abwesenheit wegen einer Fortbildung und meines Sommerurlaubes fand die Trainingsreihe in folgendem Zeitrahmen statt:

Mittwoch, 02. Juli 2003	Vor-Test
Mittwoch, 30. Juli 2003	1. Stunde / Schwerpunkt: "Sehen"
Mittwoch, 13. August 2003	2. Stunde / Schwerpunkt: "Hören"
Mittwoch, 20. August 2003	3. Stunde / Schwerpunkt: "Tasten"
Mittwoch, 27. August 2003	4. Stunde / Schwerpunkt: "Riechen" und "Schmecken"
Montag, 01. September 2003	Nach-Test

5. Reflexion der einzelnen Stunden

a) Reflexion zum Vor-Test Wahrnehmungstraining

Der Vortest wurde am Mittwoch, den 02. Juli 2003 in der oben beschriebenen Gruppe durchgeführt. Zu Beginn der Stunde wurden die TN über den Zweck der Versuchsreihe informiert und nach ihrem Einverständnis gefragt. Jede TN bekam eine Identifikations-Nr. zugeteilt, um ihnen damit die Anonymität ihrer Ergebnisse zu verdeutlichen.

Es kamen mehr Teilnehmerinnen als erwartet; von daher war es gut, dass Arbeitsblätter und Geschmacksproben in ausreichender Zahl vorhanden waren. Der Zeitplan war gut berechnet und wurde ziemlich genau eingehalten.

Die Testreihen zum „Sehen" und „Hören" wurden eingehalten wie geplant, und zwar mit eingeschobenen Rechenübungen vor dem Niederschreiben der gemerkten Gegenstände.

Bei den Testreihen „Tasten", „Riechen" und „Schmecken" wurde auf die Rechenübungen verzichtet, da aufgrund der vielen Teilnehmer die Zeitspanne zwischen ertasten, erriechen und erschmecken zu lang gewesen wäre.

Einige TN waren enttäuscht, dass sie sich nicht soviel merken konnten. Der Hinweis auf die Wiederholung dieses Tests nach der Gedächtnistrainingsreihe mit dem Trainingsziel „Wahrnehmung" als Abschlusstest Ende August machte jedoch noch einmal den Sinn des Projektes deutlich. Die TN freuen sich auf diese Trainingsreihe.

b) Reflexion zur 1. Stunde am 30.07.2003 – Thema „Sehen"

Die TN wurden je mit einem Willkommens-Schildchen, einem „Merci"-Bonbon und einem Vexierbild (alter Mann – junger Mann) auf den Plätzen begrüßt, damit sich jeder am Anfang mit Muße bis zum Eintreffen der KL mit dem Thema vertraut machen konnte. Das Thema „Kann ich meinen Augen trauen?" nahm allerdings mehr Zeit in Anspruch als eigentlich geplant (ca. 20 Minuten). Es war jedoch wichtig, sich für alle TN Zeit zu nehmen und zu helfen, so dass letztendlich fast alle die verschiedenen Perspektiven der einzelnen Bilder erkannten. Interessant war auch, dass beim Vexierbild „Alte Frau – junge Frau" ca. 50% der TN spontan die „Hexe" nannte, die andere Hälfte zuerst die junge Frau erkannte.

Bei den „Hausaufgaben" hatten sich einige TN viel Mühe gegeben und Listen erstellt mit Wortsammlungen zum Thema „Augen /Sehen". Da es sehr schwer ist, ohne Hilfe von Zitatsammlungen Sprichwörter und Redensarten zu einem Begriff zusammenzutragen, war für diese Stunde von der KL ein Arbeitsblatt zu dem Thema zusammengestellt worden. Dieses war so vorbereitet, dass auf der Vorderseite die Redensarten ohne Vokale, auf der anderen Seite zum Lesen von rechts nach links dargestellt waren. Bei Schwierigkeiten durften die TN wählen, welche Variante sie bevorzugten, so dass auch schwächere Mitglieder der Gruppe ihre Erfolgserlebnisse hatten. Hier zeigte sich, dass das rückwärts Lesen als ungeübte Variante einigen TN noch Schwierigkeiten bereitete. Auch diese Übung dauerte länger als in der Stundenplanung vorgesehen. Deshalb wurde die Übung „Logische Reihe" weggelassen.

Die Übung „Haushaltsgeräte beschreiben und erraten", die in dieser Art von der KL selbst ausgedacht worden war, war ein voller Erfolg. Jede Teilnehmerin erhielt einen Beutel mit einem Haushaltsgegenstand und der Anweisung[1], diesen den anderen TN so detailliert zu beschreiben, dass die Sache erraten werden konnte. Ich hatte die Gegenstände so ausgewählt, dass jeweils zwei in einem logischen Sachzusammenhang standen. Hier zeigte sich bei allen TN eine Lust am Darstellen und Formulieren. Als erste „Darsteller" wurden bewusst stärkere TN gewählt, so dass die kognitiv Schwächeren das Prinzip schnell erkannten und ihre Gegenstände gut und überzeugend präsentieren konnten.

Zwischen dieser und der Kim-Übung wurden noch die Erklärung der Hausaufgaben zur nächsten Stunde und das Ausfüllen des Abschluss-Fragebogens eingeschoben. Erst dann wurden die verdeckten Gegenstände noch einmal abgefragt und an der Tafel angeschrieben. Dabei durften die TN ihre selbst präsentierten Dinge nicht nennen. Interessanterweise nannte jeder seinen „Zwillingsgegenstand"!

---

[1] Die Anweisung erfolgte schriftlich auf einem Aufgabenkärtchen. Hier wurde der Gegenstand mit einem persönlichen „Eigennamen" versehen, unter dem er vorgestellt werden sollte.

Als schwerere Variante wurde zum Schluss nach dem „Eigennamen" der Sachen gefragt, die in einer lockeren Runde auch noch zusammengetragen werden konnten.

Fazit: Die auf 90 Minuten angelegte Einheit hat knapp zwei Stunden in Anspruch genommen, hat aber allen Beteiligten ganz viel Spaß gemacht!

c) Reflexion zur 2. Stunde am 13.08.2003 – Thema „Hören"

Aufgrund der immer noch anhaltenden Hitzewelle waren heute nur 10 TN zum Gedächtnistraining erschienen. Einigen der Fehlenden ging es gesundheitlich nicht so gut.

Die „Hausaufgaben" hatten nur 4 TN vorbereitet. Da dies bei dieser TN-Gruppe vorauszusehen war, hatte ich selbst das Arbeitsblatt „Original und Fälschung" mit 8 Fehlern versehen und konnte so jedem TN eine Kopie geben. Die TN, die ihr Blatt verändert hatten, tauschten untereinander. Zu Beginn der Stunde wurden dann die Veränderungen gesucht und angekreuzt.

Zur Einstimmung auf das Thema „Hören" wurden die Stimmen aus Film, Funk und Fernsehen von der CD 1 „auf wiederhören" des Bundesverbandes GT vorgespielt. Keiner der TN erkannte alle 10 vorgestellten Persönlichkeiten an der Stimme; die meisten erkannten jedoch mehr als 5 Personen.

Die Übung „Schüttelanagramme" (Fragen zum Thema „Hören", die Antworten waren jeweils durcheinandergeschüttelt) war teilweise sehr schwer; konnte aber durch den logischen Zusammenhang und die Fragestellungen durchaus gelöst werden. Durch das Wetter bedingt fiel eine solche Aufgabe, die auch einen hohen Grad an Konzentration und Aufmerksamkeit verlangt, nicht leicht.

Die Hörübungen unter dem Motto „Was hör' ich da?" gaben Anlass zu interessanten Diskussionen, wobei den TN noch einmal bewusst wurde, wie wichtig auch das „einander Zuhören" ist.

Da die Zeit schon weit fortgeschritten war, wurden die Sprichwörter weggelassen und nach der kinesiologischen Übung die Erlebnisschachteln verteilt. Je zwei TN teilten sich eine Schachtel und versuchten die mit Begriffen umschriebenen Gegenstände in der Schachtel zu finden. Diese Übung, bei der Gehörtes und Gesehenes oft zwei verschiedene Dinge meinen, erfordert viel Konzentration, um den Sinnbezug übertragen zu können. Die TN hatten sehr viel Spaß bei dieser Übung, die jedoch einen erhöhten Zeitbedarf erforderlich machte. Auf das Mandala-Malen wurde dann auch aus Zeitgründen verzichtet.

Als „Saft - Bar" waren aus organisatorischen Gründen nur zwei Säfte vorbereitet worden. Der erste Saft wurde in der Pause (nach den Hörübungen) gereicht, das zweite Getränk nach der GT-Stunde.

Fazit: Auch heute wurden die 90 Minuten wieder überzogen, trotz Weglassens von Übungsmaterial. Es war jedoch richtig, die Stunde mit einer Übung zu beenden, die den TN Freude bereitete. Insgesamt ist die heutige Einheit durchaus als gelungen zu betrachten.

d) Reflexion zur 3. Stunde am 20.08.2003 – Thema „Tasten"

Zur heutigen Gedächtnistrainingsstunde waren 18 Bewohnerinnen erschienen - einige davon zum ersten Mal. Durch das Anstellen weiterer Tische verzögerte sich dadurch schon der Beginn der Stunde.

Die Hausaufgaben hatten fast alle TN durchgeführt, die in der letzten Stunde anwesend waren. Die Zuordnungsübung (Formwahrnehmung: „Zu welcher vorgegebenen Figur lassen sich die nachfolgenden Einzelteile zusammensetzen?") hatte den meisten Frauen Spaß gemacht und wurde vom Schwierigkeitsgrad als in Ordnung empfunden. Das Reiterrätsel hingegen war von niemandem richtig gelegt worden, auch wenn sich einige Angehörige eifrig an der Arbeit beteiligt hatten. Die Auflösung wurde erheitert zur Kenntnis genommen.

Die erste Übung (Fühlsäckchen mit Gegenständen aus dem handwerklichen Bereich) nahm sehr viel Zeit in Anspruch, da die Gruppe sehr groß war. Bei einigen TN sammelten sich immer wieder mehrere Beutel an, weil sie mehr Zeit zum Ertasten benötigten, so dass sich die anderen in der Gruppe in Geduld üben mussten. Die Aufgabe wurde so gestellt, dass mit dem Erfühlen des Gegenstandes zugleich der dazu passende Handwerksberuf erraten werden sollte. Nachdem alle Säckchen die Runde gemacht hatten, wurde in einem lockeren Gespräch gemeinsam ausgewertet. Die Übung fand bei den TN guten Anklang; sie beteiligten sich alle sehr rege.

Die gegenseitige Igelballmassage wurde als Entspannungseinheit vorgezogen.

Das anschließende ABC-Spiel „Was würden Sie gerne einmal anfassen, hatten aber bisher nie die Gelegenheit dazu?" (das die TN als Übungsform bereits aus anderen Themenbereichen kannten) bewirkte bei manchen Punkten für Heiterkeit, sorgte aber auch für Diskussionsstoff in der Gruppe. So wollte eine Bewohnerin gerne einmal einen „Friedhofsstein" anfassen, worauf zwei andere TN mit Empörung reagierten. Hier musste dann schlichtend eingegriffen werden.

Die Zeit war inzwischen so weit fortgeschritten, dass die vorbereiteten Tastsäckchen mit den Euro-Münzen nicht mehr eingesetzt wurden. Diese Übung ist m. E. sehr wichtig - auch als Kompetenztraining - und sollte nicht auf die Schnelle durchgeführt werden, sondern zu einem späteren Zeitpunkt (eventuell in einer Stunde zum Thema „Geld").

Auf das Thema „Bürsten" wurde dann auch nur noch kurz mündlich eingegangen; bei einer Wortsammlung wurden schon jede Menge Bürstenarten genannt. Als „Zusatzhausaufgabe" wurden die TN angeregt, für die nächste GT-Stunde einmal alle möglichen Bürsten aufzuschreiben.

Zum Abschluss wollte ich noch das Assoziations-Würfelspiel (Begriffe nennen mit zwei erwürfelten Adjektiven und einer erwürfelten Farbe / nach Kopiervorlage) spielen lassen, aber es stellte sich heraus, dass dies (zumindest in dieser TN-Runde) eine Überforderung darstellte und bei den TN Unmut hervorrief. Die TN waren auch sehr erschöpft, so dass ich nur noch die „Stolpersteine" (Sprichwörter zum Thema Hände und Haut) als Hausaufgaben erklärte und sich die Runde nach einem kurzen „Plausch" dann auflöste.

Fazit: Wie immer war die GT-Einheit stofflich sehr ausgefüllt; es konnte aus zeitlichen Gründen nicht alles wie geplant durchgeführt werden. Übungen mit Tastsäckchen sind in einer so großen Gruppe wie heute (18 TN!) nur sehr schwer durchzuführen. Diese Trainingsstunde war für alle Beteiligten sehr anstrengend (das gilt auch für mich als KL!).

e) Reflexion zur 4. Stunde am 27.08.2003 - Thema „Schmecken und Riechen"

Dies war die erste Gedächtnistrainingsstunde der Evaluationsreihe, in der das Wetter erträglich war und für eine angenehme Befindlichkeit sorgte (ca. 22 Grad). Mit 12 Teilnehmerinnen war heute ein sehr angenehmes Arbeiten möglich.

Die Hausaufgaben hatten alle mit viel Freude ausgeführt und wurden in der lockeren Reihe mündlich präsentiert.

Die Geschichte „Leinöl" von Gudrun Pausewang kannten einige TN, gab aber einen hervorragenden Einstieg in das Stundenthema und regte die Diskussion zum Thema „Gerichte, Speisen, Mahlzeiten" an. Durch das Erzählen einiger Kriegserlebnisse wurde deutlich, dass das Geschmackserleben auch wesentlich von biografischen Einflüssen geprägt sein kann.

Die „Feinschmecker-Bar" musste leider aus organisatorischen Gründen am heutigen Nachmittag wegfallen; ich versprach den Kursteilnehmerinnen jedoch, dies an einem anderen Nachmittag nachzuholen (dann soll nur über exotische Früchte gesprochen werden).

So wurden die Übungen „Genießer-Toto" (Welche Speisen sind süß?) und „Früchte-Toto" (Welche genannten Köstlichkeiten sind Früchte?) kurzerhand zwischen die Geschichten „Wer ist wer auf der Speisekarte?" gerückt. Die Rezepte und Anekdoten rund um kulinarische Genüsse wurden vom KL jeweils vorgelesen, die TN sollten die Fragen dazu beantworten. Diese Übung war ursprünglich als Zuordnungsübung auf Arbeitsblättern vorgesehen; das Selberlesen hätte jedoch einige TN sehr überfordert. Die durchgeführte Variante kam dann auch sehr gut bei den TN an.

Zur Einführung des Themenbereichs „Riechen" hatte ich noch ein Zeitungsinterview mit Cindy Crawford „über Düfte, Gerüche und unparfümierte Männer" mitgebracht, das ich im Kölner Stadt-Anzeiger entdeckt hatte. Die Wortsammlung „Erinnerung an die eigene Welt der Gerüche in Ihrem Leben" konnte daran gut anknüpfen. Als praktische Übung wurden noch einmal die Geruchsdosen aus dem Vortest reihum einzeln herum gereicht und direkt ausgewertet. Die meisten TN waren dabei mit ihrem Geruchssinn nicht sehr zufrieden. Die Düfte wurden zwar meistens „wiedererkannt", aber eine konkrete Benennung war oft nicht möglich. Die Zuordnungsübung „Das Ohr isst mit" (Geräusche rund ums Essen) wollten die TN lieber als Hausaufgabe mitnehmen, da die Trainingsstunde schon fast zu Ende war. Außerdem bekamen die TN noch eine Kopiervorlage mit Sprichwörtern zum heutigen Stundenthema mit der Aufgabe, sich zu einigen Redensarten lustige „Stolpersteine" auszudenken. Die Kursteilnehmer wissen, dass in der nächsten Stunde der Nachtest des Evaluationsreihe durchgeführt wird und sind selbst ganz gespannt auf die Ergebnisse.

Fazit: Die heutige GT-Stunde verlief in sehr angenehmer Atmosphäre, war stofflich nicht überfrachtet und ließ den TN sehr viele Möglichkeiten, sich selbst einzubringen und auszutauschen. Die TN konnten heute einander zuhören (besser als in der letzen Trainingsstunde), was sicherlich auf die geringere Teilnehmerzahl, das angenehme Wetter und das Thema mit starkem biografischen Bezug zurückzuführen ist.

f) Reflexion zum Nach-Test Wahrnehmungstraining

Der Nachtest wurde am Montag, den 01. September 2003 in der oben beschriebenen Gruppe durchgeführt. Leider waren 2 der Teilnehmerinnen an diesem Tag verhindert (Besuch / Arzttermin).

Für die Nach-Testung waren genau die gleichen Gegenstände sowie Duft- und Geschmacksproben wie beim Vortest am 02. Juli gewählt worden, um ein relativ genaues Ergebnis zu erhalten. Auch heute machte einigen TN der Zeitdruck zu schaffen. Subjektiv hatten einige das

Gefühl, dass sie sich nichts merken konnten. Nachdem sie jedoch nach den Auswertungen die Ergebnisse mit denen des Vortests vergleichen konnten und teilweise Verbesserungen feststellten, waren sie doch sehr erfreut.

Die Auswertung soll im nachfolgenden Kapitel beschrieben werden.

6. Auswertung der gesamten Trainingsreihe

12 Teilnehmerinnen haben die Mini-Evaluationsreihe mit Vor- und Nachtest durchgeführt. Der Test der Teilnehmerin mit der Nr. 11 ist insofern nicht zu werten, weil sie dement ist und sowohl den Inhalten der Trainingsstunden als auch der Tests teilweise nicht folgen konnte. Sie gab als einzige leere Testblätter ab. Der Vollständigkeit halber wird sie jedoch hier mit aufgeführt.[1]

Betrachtet man die im Anhang ausführlich ausgewerteten Statistiken, ist insgesamt schon ein Erfolg messbar. Bei allen TN[1] ist mindestens <u>eine</u> Kategorie verbessert worden, bei den meisten sogar drei oder vier.

TN Nr. 13 hat sich in der Kategorie „Schmecken" verbessert, ist ansonsten in allen anderen Bereichen gleich wie im Vortest geblieben. Sie hat nur an einer der vier GT-Stunden teilgenommen!

TN Nr. 5 hat leider in drei Kategorien schlechter abgeschnitten als im Vortest; vielleicht ging es ihr gesundheitlich nicht gut.

Im Bereich „Riechen" schnitten insgesamt vier TN weniger gut ab als im Vortest. Über mögliche Ursachen kann man hier nur spekulieren.

Zur Gesamtauswertung lässt sich noch sagen, dass diese Reihe anders ablief als unsere normalen Gedächtnistrainingsstunden. In der Regel werden die Sinne sonst nicht so ausführlich und ausschließlich trainiert. Die Teilnehmerinnen waren vor dieser Evaluationsreihe nicht gewöhnt, so viel zu schreiben. Positiv anzumerken ist, dass hier bei vielen eine Verbesserung im „Umgang mit dem Stift" stattgefunden hat, d.h. im Nachtest wurde oft viel flüssiger geschrieben!

Im Vortest und Nachtest wurde nicht nur die Wahrnehmungsfähigkeit, sondern auch die Merkfähigkeit getestet, d.h. es wurden mehr Dinge gemerkt als im Vortest. Dies unterstreicht jedoch die Bedeutung der Wahrnehmungsfähigkeit für die Merkfähigkeit, denn nur Dinge, für die ich sensibilisert bin, merke ich mir auch.

---

[1] Vgl. auch die Ausführungen zur TN auf S. 3
[1] Im Folgenden wird TN 11 statistisch nicht berücksichtigt

13

Gezieltes Wahrnehmungstraining hat dann Erfolg, wenn die Sinne nachher bewusster eingesetzt werden, wenn das Auge nicht nur sieht, sondern schaut, wenn das Ohr nicht nur hört, sondern horcht, wenn die Hand nicht nur tastet, sondern fühlt, wenn der Mund nicht nur schmeckt, sondern kostet, wenn die Nase nicht nur riecht, sondern schnuppert.

Eine genaue Erfolgskontrolle der sinnlichen Wahrnehmungsverbesserung gibt es natürlich nicht; man kann eigentlich nur versuchen, gezielt auf eine Sensibilisierung des einzelnen Menschen hinzuarbeiten.

Letztendlich kann eine verbesserte Wahrnehmung dazu beitragen, dem eigenen Dasein eine andere Qualität zu geben, sich und die Umwelt mit anderen Augen zu sehen.

Es ist schon viel erreicht, wenn dem einen oder anderen die Augen geöffnet werden, wenn er hinwegsehen kann über kleine Unzulänglichkeiten seiner Mitmenschen, wenn er auf seine innere Stimme horcht und mit dem Herzen sieht. Auch einmal den „Bauch" entscheiden zu lassen kostet oft Überwindung!

7. Literatur:

ADAC (Hrsg.), Das große Buch der Rätsel und Denkspiele. 1000 mal Spaß und Training für die grauen Zellen, München 2003

Bickel, Walter, Wer ist wer auf der Speisekarte? Biographische Notizen zum Verständnis der Speisekarte, Stuttgart 1993

Block, Richard / Yuker, Harold, Ich sehe was, was Du nicht siehst. 250 optische Täuschungen und visuelle Illusionen, München 1996

Bohrmann, Peter (Hrsg.), Falken-Mixbuch. 1444 Rezepte mit und ohne Alkohol Niedernhausen/Ts. 1993

Brandt, Petra / Thiesen, Peter, Umwelt spielend entdecken. Ein Spiel- und Ideenbuch für Kindergarten, Schule und Familie, Weinheim und Basel 1994

Bücken, Hajo, Kimspiele. Spiele zum Sehen, Schmecken, Riechen, Tasten, Hören und Denken, München 6. Aufl. 1996

Bücken, Hajo, Mit Hand und Fuß. Erprobte und neue Spiele und Spielideen, Freiburg 1997

Bundesministerium für Familie, Senioren, Frauen und Jugend (Hrsg.), Vierter Bericht zur Lage der älteren Generation, Bonn / April 2002

Da Silva, Kim / Rydl, Do-Ri, Energie durch Bewegung. Kinesiologische Übungen für die ganze Familie, München 1995

Dietz, Monika (Hrsg.), Wer knackt die Nuß? Würzburg 2000

Eisenburger, Marianne, Aktivieren und Bewegen von älteren Menschen, Aachen 1998

Flemming, Irene / Fritz, Jürgen, Wahrnehmungsspiele für Grundschulkinder. Mainz 1995

Herder (Hrsg.), Lexikon der Biologie. 1986

Jasper, Bettina M., Fit und Kompetent im Alltag durch körperliches und geistiges Training, in: BAGSO-Nachrichten 01/ 2002

Jasper, Bettina M., Koordination und Gehirnjogging, Aachen 2002

Knies, Beate / Lindenfeller, Christoph / Michels, Franz, MEKS. Methodenkartei für die pädagogisch-therapeutische Arbeit mit Senioren, Dortmund 1997

Lade, Eckhard (Hrsg.), Ratgeber Altenarbeit, Ostfildern 1998

Löscher, Wolfgang, Vom Sinn der Sinne. Spielerische Wahrnehmungsförderung für Kinder, München 1984

Mala, Matthias, Wunderbare Rätselwelt. Das große Buch des Denksports, München 1998

Manuel, B. (Hrsg.), Rätsel, Denkspaß, Kniffeleien, Ravensburg 1987

Maschwitz, Gerda und Rüdiger, Gemeinsam Stille entdecken. Übungen für Kinder und Erwachsene. München 1985

Mattern, Bianca, Montessori für Senioren. Montessoripädagogische Arbeit mit Senioren / Hochaltrigen im Betreuten Wohnen, Dortmund 2001

Miethe, Manfred, Farbe in die grauen Zellen. Kreative Denkspiele. Frankfurt 1997

Petillon, Hanns, Vom Adlerauge bis Zauberbaum. 1000 Spiele für die Grundschule, Frankfurt am Main 2000

Ramme, Jutta / Riese, Harald, Spiele für Viele. Ideen für Jeden. Vechelde 3. Auflage 1986

Steiner, Franz und Renate, Die Sinne: spielen - gestalten - Freude entfalten. Förderung der Wahrnehmungsfähigkeit bei Kindern, Linz 1993

Thiesen, Peter, Das Kommunikationsspielbuch. Für die Arbeit von Schule, Jugend- und Erwachsenenbildung, Weinheim und Basel 2002

Wilken, Hedwig, Voll Sinnen spielen. Wahrnehmung und Spielräume für Kinder ab 4 Jahren, Münster 1998

Wuillemet, Sascha / Cavelius, Andrea-Anna, Zu sich selbst finden. Die schönsten Mandalas zum Ausmalen. 64 Malvorlagen, Bechtermünz-Verlag o.J.

Wuillemet, Sascha / Cavelius, Andrea-Anna, Zur Mitte finden. Natur-Mandalas malen. 50 Originale aus der Natur und 50 Malvorlagen, Pattloch-Verlag o. J.

Zimbardo, Philip G., Psychologie, Berlin / Heidelberg 6. Aufl. 1995

Zimmer, Renate, Handbuch der Sinneswahrnehmung. Grundlagen einer ganzheitlichen Erziehung, Freiburg 1995

Zeit von - bis	Inhalte /Stoff	Trainingsziel	Schwierig- keitsgrad (leicht/mittel/ schwer)	Arbeits- und Sozialform / Methode	Medien
10'	Begrüßung der TeilnehmerInnen, Erläuterung der Mini-Evaluationsreihe zum Thema "Wahrnehmung"	Einstimmen		Vortrag / Diskussion	
10'	Übung zum Wahrnehmungsbereich "Sehen" / KL zeigt 10 Gegenstände	Vortest	mittel	Einzelarbeit schriftlich	10 Gegenstände / Papier / Stifte
10'	Übung zum Wahrnehmungsbereich "Hören" / KL nennt 10 Begriffe	Vortest	mittel	Einzelarbeit schriftlich	Papier / Stifte
10'	Übung zum Wahrnehmungsbereich "Tasten" / 10 Tastsäckchen mit versch. Gegenständen werden weitergegeben	Vortest	mittel	Einzelarbeit schriftlich	10 Tastsäckchen/ Papier / Stifte
10'	Übung zum Wahrnehmungsbereich "Riechen" / 10 Filmdosen mit versch. Gerüchen werden weitergegeben	Vortest	mittel	Einzelarbeit schriftlich	10 Duftproben / Papier / Stifte
10'	Übung zum Wahrnehmungsbereich "Schme-cken" / 10 versch. Lebensmittel von salzig bis süß werden angeboten	Vortest	mittel	Einzelarbeit schriftlich	10 Geschmacks-proben / Papier / Stifte
5' - 10'	Bewegungsübung	Entspannung		offen Bewegung	
20'	Auswertung der Übungen / Eintragen in den Kontrollbogen	Vortest	mittel	Auswertung / Feedback	Auswertungsbogen/ Stifte
	Hausaufgabe: Sprichwörter / Redensarten zum Thema "Auge / Sehen"	Langzeitgedächtnis, Konzentration, Spaß	mittel - schwer		

Versuch einer Evaluation   Vor-Test   Wahrnehmung - Vortest

Nr.	Zeit von - bis	Inhalte /Stoff	Trainingsziel	Schwierig- keitsgrad (leicht/mittel/ schwer)	Arbeits- u. Sozial- form / Methode	Medien
1	5' - 10'	Begrüßung; "Können wir unseren Augen trauen?" - Vexierbild "Alte Frau - junge Frau", Kippbild "Rubin'sche Vase"	Einstimmen, Aufwärmen / visuelle Figur-Grund-Unterscheidung, Wahrnehmungstäuschung	leicht - mittel	offen mündlich	Kopiervorla-gen
2	10'	Hausaufgabe: Redensarten und Sprichwörter zum Thema "Auge / Sehen"	Langzeitgedächtnis, Spaß	leicht - mittel	offen mündlich	Tafel
3	10'	Logische Reihe	Visuelle Gliederung	mittel	Partnerar-beit	AK 1 / KV AB 39
4	10'	Entscheiden	LZG, vernetztes Denken	mittel-schwer	offen mündlich	Vorlage
5	10' - 15'	Anagramm zum Begriff "Augenweide"	LZG, Wortfindung, Spaß Konzentration	leicht - mittel	offen mündlich	Tafel
6	5'	Kinesiologische Übungen (Augenachten, Eule)	Visuelle Aufmerksamkeit	leicht	gemein-same Be-wegungen	
7	20' - 25'	Haushaltsgeräte beschreiben und erraten	Visuelle + auditive Auf-merksamkeit, Formwahr-nehmung, visuelle Gliede-rung, Konzentration	mittel-schwer	reihum mündlich	Gegenstände in Beuteln, Auf-gabenkarten
8	10'	Seh-Kim: die Gegenstände aus Übung 7 auf dem Tisch mit einem Tuch abdecken und nennen las-sen	Visuelle Merkfähigkeit, Konzentration	mittel-schwer	lockere Reihe mündlich	Gegenstände aus Übung 7, Tuch
9		Hausaufgabe: Original und Fälschung / Verän-derungen eintragen	Spaß / Vorbereitung auf die nächste Stunde	mittel	schriftlich	AK 1 / KV AB 55
	Reserve	Farbtafel SIMA-Studie	Farbwahrnehmung	mittel	reihum mündlich	KV (selbst erstellt)

Wahrnehmung – 1. Stunde

Nr.	Zeit von - bis	Inhalte /Stoff	Trainingsziel	Schwierigkeitsgrad (leicht/mittel/schwer)	Arbeits- und Sozialform / Methode	Medien
1	10'	Begrüßung; Hausaufgaben: Original und Fälschung; TN-Blätter werden mit dem Sitznachbarn getauscht und Veränderungen gesucht	Einstimmen; Anknüpfen an die letzte Stunde, Formwahrnehmung	mittel	erst Einzelarbeit, dann Hilfe des Partners	AK 1 / KV AB 55
2	5' - 8'	Stimmen aus Film, Funk und Fernsehen wiedererkennen	Einführung in das Thema; LZG; Auditive Merkfähigk.	leicht - mittel	offen mündlich	CD 1 "auf wieder hören" des BV GT
3	5' - 8'	Schüttelanagramme	Visuelle Gliederung, visuelle Serialität	mittel-schwer	lockere Reihe mündlich	KV (selbst erstellt)
4	15'	"Was hör ich da?"- Hörübungen der TN mit verteilten Rollen (s. Anlage) und Diskussion	Auditive Figur-Grund-Wahrnehmung, auditive Lokalisation	mittel-schwer	lockere Reihe mündlich	Kurze verschiedene Texte zum Vorlesen
5	5' - 10'	"Saft-Bar": Probieren verschiedener Säfte und Geschmacksrichtungen benennen	Erfrischung / Differenzierung der Geschmacksqualitäten	leicht	reihum mündlich	Säfte (vorbereitet in Kannen), Gläser
6	5' - 8'	Sprichwörter vervollständigen	LZG, visuelle Gliederung	mittel-schwer	offen mündlich	KV (selbst erstellt)
7	5'	Kinesiologische Übungen	Auditive Aufmerksamkeit	leicht	gemeins. Beweg.	
8	20'	Erlebnisschachtel	LZG; Visuelle + auditive Gliederung	mittel-schwer	reihum mündlich	je 2 TN eine Schachtel
9	15'	Mandala malen mit Musik	Auditive Aufmerksamkeit	leicht	Einzelarbeit	KV, medit. Musik
		Hausaufgaben: Reiterrätsel / Formen erkennen	Spaß, log. Denken, vis. Figur-Grund-Wahrnehm. / Formwahrnehmung	schwer		AK 1 / KV AB 36 u. selbst erstelltes Arbeitsblatt
	Reserve:	Anagramm "Ohrenschmaus"				

Wahrnehmung - 2. Stunde

Nr.	Zeit von - bis	Inhalte /Stoff	Trainingsziel	Schwierigkeitsgrad (leicht/mittel/schwer)	Arbeits- und Sozialform / Methode	Medien
1	10' - 15'	Begrüßung; Hausaufgaben: Reiterrätsel und Zuordnung der Formen	Visuelle Figur-Grundwahrnehmung/ Formwahrnehmung	mittel	lockere Reihe mündl. Auswertung d KV	AK 1/KV AB 36 u selbst erstelltes Arb-bl.
2	15' - 20'	"Fühlsäckchen": Welche Gegenstände lassen sich erfühlen und zu welchem Beruf gehören sie?	Einstimmung i. d. Thema; Erkundungswahrnehmung	leicht - mittel	reihum mündlich	Säckchen mit Gegen-ständen, Papier, Stifte
3	10' - 15'	ABC-Spiel: Was würden Sie gerne einmal anfassen, hatten aber bisher nie die Gelegenheit dazu?	LZG, Wortfindung	leicht - mittel	lockere Reihe	KV (selbst erstellt)
4	5'	Igelballmassage (sich selbst / Partner)	Entspannung / Berührungswahrnehmung	leicht		Igelbälle nach Anzahl TN
5	10' - 15'	Wieviel Geld ist das? (Münzen ertasten / Variante B)	Erkundungswahrnehmung, Kompetenztraining	mittel-schwer	reihum mündlich	4 Tastsäckchen mit je 1 Münze
6	5'	"Ich spüre mein Gesicht"	Entspannung / Berührungswahrnehmung	leicht		
7	10'	Tastsäckchen mit verschiedenen Bürsten	Erkundungswahrnehmung	leicht - mittel	reihum mündlich	12 Säckchen m. div. Bürsten
8	5' - 7'	Wortsammlung: Welche unterschiedlichen Bürsten gibt es sonst noch?	Wortfindung, LZG	leicht	lockere Reihe mündlich	Tafel
9	10' - 15'	Assoziieren: Würfelspiel	LZG, vernetztes Denken, bildl. Vorstellen und Erinnern	mittel-schwer	reihum mündlich	KV (selbst erst.), 2 Würfel
10		Hausaufgaben: Stolpersteine (Sprichwörter z Thema Hände u Haut richtig nennen)	LZG, Spaß			
	Reserve	Übung: Was ist lauter?	Urteilsbildung, assoz. Denken	mittel-schwer	lockere Reihe	KV mündlich

Wahrnehmung - 3. Stunde

Nr.	Zeit von - bis	Inhalte /Stoff	Trainingsziel	Schwierigkeitsgrad (leicht/mittel/schwer)	Arbeits- und Sozialform / Methode	Medien
1	10-15'	Begrüßung; Hausaufgabe: Stolpersteine - Sprichwörter u. Redensarten	LZG, Erfolgserlebnisse	leicht - mittel	lockere Reihe mündlich	
2	5'	Die Geschichte vom "Leinöl" von Grudrun Pausewang	Einstimmung in d. Thema, konzentriertes Zuhören	leicht	Vortrag der KL	Vortragsblatt
3	10' - 15'	Diskussion: Gibt es Mahlzeiten, Gerichte, Speisen aus der Kindheit, an die Sie sich positiv / negativ erinnern?	LZG; Stimulierung des Limbischen Systems	leicht	Diskussion / lockere Reihe	
4	10'	"Genießer-Toto" und "Früchte-Toto"	LZG, Differenzierung der Geschmacksqualitäten	mittel	Partnerarbeit	KV selbst erstellt
5	10'	Zuordnen: "Wer ist wer auf der Speisekarte?" (Teil 1)	LZG; bildliches Vorstellen und Erinnern	mittel	reihum mündlich	KV selbst erstellt
6	15'	"Feinschmecker-Bar": mundgerechte Obst- und Gemüsestücke probieren	Differenzierung der Geschmacksqualitäten	leicht	reihum	Früchte u. Gemüse (auch exotische)
7	10'	Zuordnen: "Wer ist wer auf der Speisekarte?" (Teil 2)	LZG; bildliches Vorstellen und Erinnern	mittel	reihum mündlich	KV selbst erstellt
8	10' - 12'	Zuordnen: "Das Ohr isst mit"	assoziatives Denken; Konzentration	leicht - mittel	Einzelarbeit; Auswertung reihum mündl.	KV selbst erstellt
9	10' - 15'	Duftgalerie / Riechquiz	Geruchswahrnehmung	mittel-schwer	lockere Reihe mündlich	Filmdosen mit Geruchsproben, Tafel
10	10' - 15'	Wortsammlung: Erinnern Sie sich an Ihre eigene Welt der Gerüche in Ihrem Leben?	LZG; Stimulierung des Limbischen Systems	mittel	Diskussion / lockere Reihe	Tafel
		Hausaufgabe: Verändern Sie selbst Sprichwörter zu Stolpesteinen!	Spaß, Kreativität	mittel-schwer		KV mit Sprichwörtern
	Reserve:	Anagramm "Gaumenfreude"				

Wahrnehmung – 4. Stunde

Zeit von - bis	Inhalte /Stoff	Trainingsziel	Schwierigkeitsgrad (leicht/mittel/schwer)	Arbeits- und Sozialform / Methode	Medien
5' - 10'	Begrüßung der TeilnehmerInnen, Kurze Einführung in die Abschluß-Auswertung	Einstimmen		Feedback mündlich	
10'	Übung zum Wahrnehmungsbereich "Sehen" / KL zeigt 10 Gegenstände	Nachtest	mittel	Einzelarbeit schriftlich	10 Gegenstände / Papier / Stifte
10'	Übung zum Wahrnehmungsbereich "Hören" / KL nennt 10 Begriffe	Nachtest	mittel	Einzelarbeit schriftlich	Papier / Stifte
10'	Übung zum Wahrnehmungsbereich "Tasten" / 10 Tastsäckchen mit versch. Gegenständen werden weitergegeben	Nachtest	mittel	Einzelarbeit schriftlich	10 Tastsäckchen / Papier / Stifte
10'	Übung zum Wahrnehmungsbereich "Riechen" / 10 Filmdosen mit versch. Gerüchen werden weitergegeben	Nachtest	mittel	Einzelarbeit schriftlich	10 Duftproben / Papier / Stifte
10'	Übung zum Wahrnehmungsbereich "Schmecken" / 10 versch. Lebensmittel von salzig bis süß werden angeboten	Nachtest	mittel	Einzelarbeit schriftlich	10 Geschmacksproben / Papier / Stifte
5' - 10'	Bewegungsübung	Entspannung		offen Bewegung	
30' - 35'	Auswertung der Übungen / Eintragen in den Kontrollbogen / Vergleich mit dem Vortest	Nachtest und Auswertung/ Erfolgserlebnisse	mittel	Auswertung / Feedback	Auswertungsbogen/ Stifte

Versuch einer Evaluation   Nach-Test   Wahrnehmung - Nachtest

Nr.	geb.	Alter	gelernter / ausgeübter Beruf	Sehen			Hören			Wohnform			Kogn. Fähigkeiten	
				mit Brille gut	mit Brille schlecht	braucht keine Brille	mit Hörgerät gut	mit Hörgerät schlecht	braucht kein Hörgerät	Betreutes Wohnen	Pflegeorientiert. Wohnen	Wohnung außerhalb	gut	zeitweise dement
1	1919	83	Schneiderin		x			x				x	x	
2	1921	82	Verk.-Ökonomin		x				x	x			x	
3	1925	77	Krankenschwester	x					x		x		x	
4	1918	84	Hausfrau	x					x		x		x	
5	1923	79	Stenotypistin		x		x			x			x	
6	1927	75	Verkäuferin	z. Lesen					x	x			x	
7	1922	81	Kontoristin		x				x	x			x	
8	1925	78	Buchhalterin	x					x	x			x	
9	1934	68	Altenpflegerin	x					x	x			x	
10	1909	93	Hausfrau		x				x		x		x	
11	1914	89	Buchhalterin	x			x				x			x
12	1931	72	Kassiererin		x				x			x	x	
13	1923	80	Hausfrau	x			x			x			x	
14	1914	90	Büroangestellte			x	x			x			x	

Teilnehmer Evaluationsstudie   Beruf / Wahrnehmungskompetenzen

Nr.	Vortest	1. Stunde	2. Stunde	3. Stunde	4. Stunde	Nachtest
1	x			x	x	x
2	x	x	x	x	x	x
3	x	x		x	x	x
4	x	x	x	x	x	x
5	x	x	x	x		x
6	x	x	x	x	x	x
7	x	x	x	x	x	x
8	x	x	x	x	x	x
9	x	x	x	x	x	x
10	x	x		x	x	
11	x	x			x	x
12	x		x	x	x	x
13	x			x		x
14	x	x	x	x	x	

Teilnehmer Evaluationsstudie   Anwesenheit

Einzelauswertungen

TN-Nr. 1	Vortest	Nachtest
Sehen	5	7
Hören	1	3
Tasten	6	6
Riechen	3	2
Schmecken	5	7

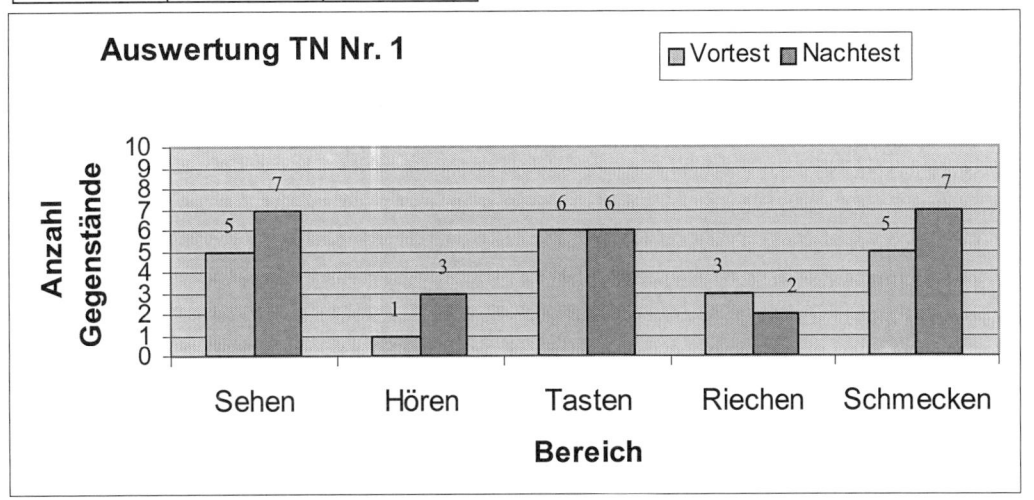

Auswertung TN Nr. 1

TN-Nr. 2	Vortest	Nachtest
Sehen	6	9
Hören	3	5
Tasten	2	4
Riechen	1	0
Schmecken	4	8

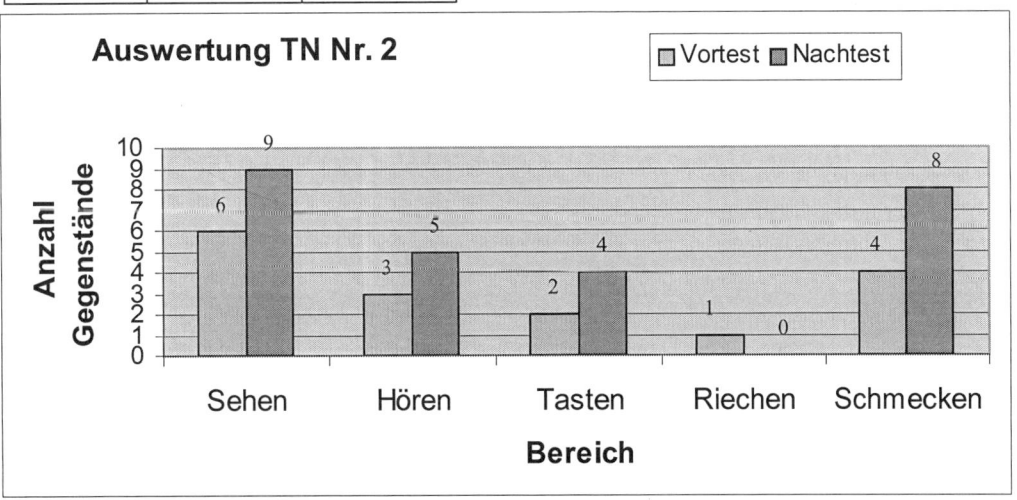

Auswertung TN Nr. 2

Auswertung Vortest – Nachtest / TN 1 + TN 2

TN-Nr. 3	Vortest	Nachtest
Sehen	2	5
Hören	0	2
Tasten	2	4
Riechen	3	1
Schmecken	3	3

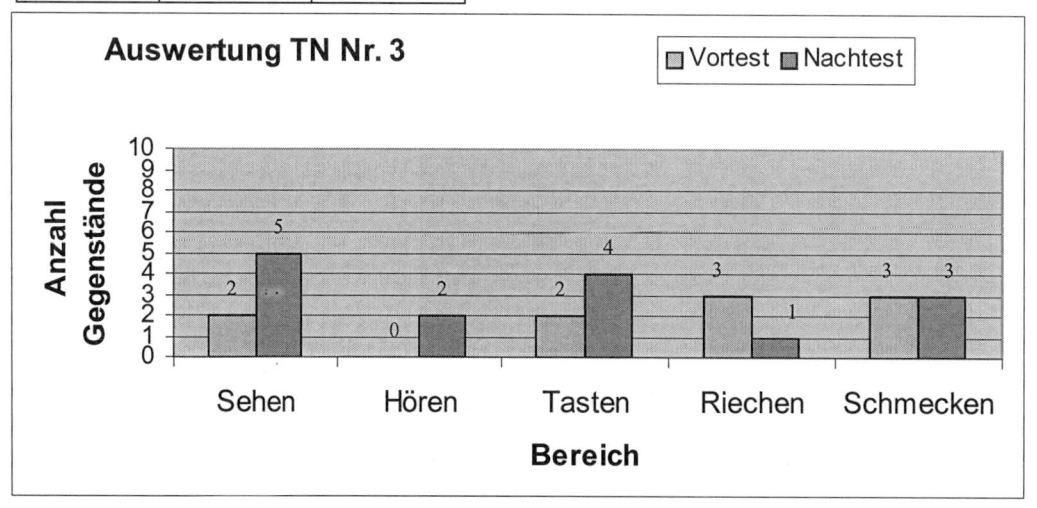

Auswertung TN Nr. 3

TN-Nr. 4	Vortest	Nachtest
Sehen	10	10
Hören	3	5
Tasten	6	7
Riechen	0	1
Schmecken	7	10

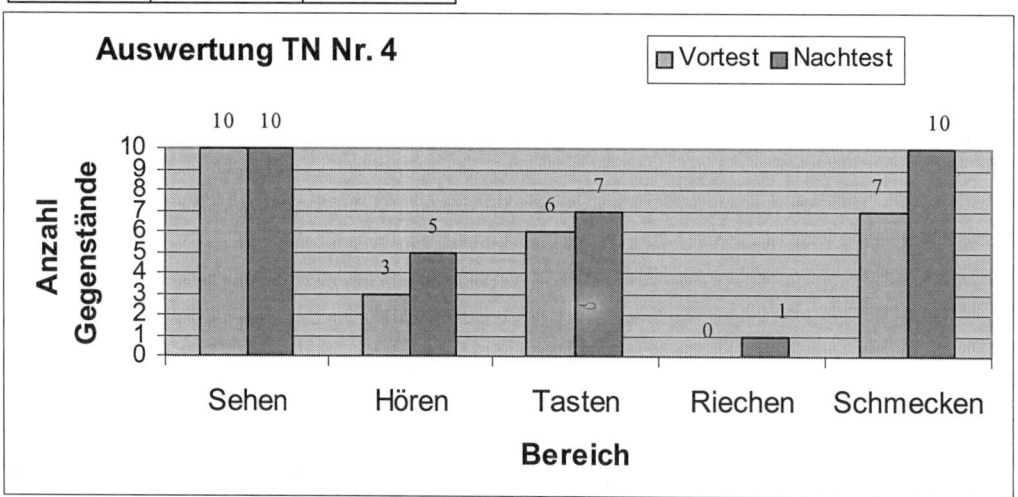

Auswertung TN Nr. 4

Auswertung Vortest – Nachtest / TN 3 + TN 4

TN-Nr. 5	Vortest	Nachtest
Sehen	6	4
Hören	1	0
Tasten	3	3
Riechen	0	1
Schmecken	4	3

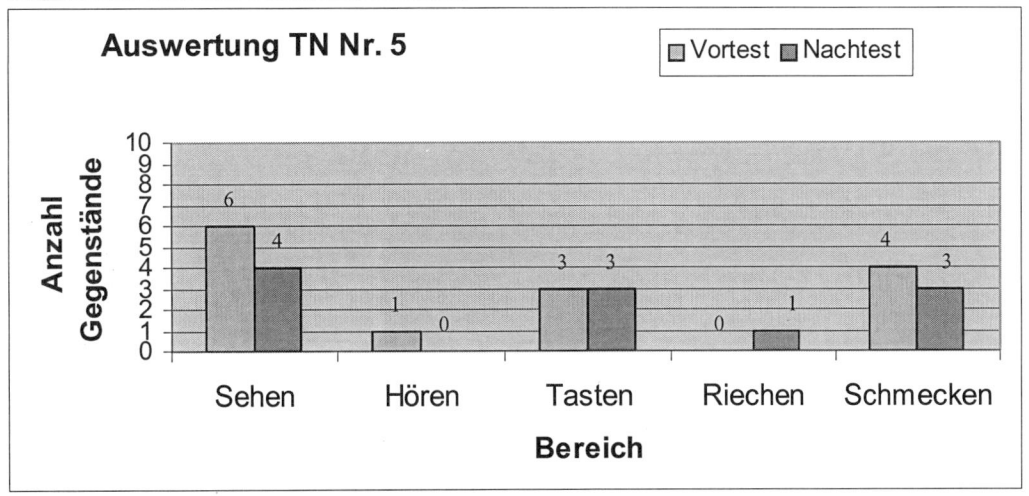

Auswertung TN Nr. 5

TN-Nr. 6	Vortest	Nachtest
Sehen	5	7
Hören	3	3
Tasten	5	6
Riechen	2	4
Schmecken	5	9

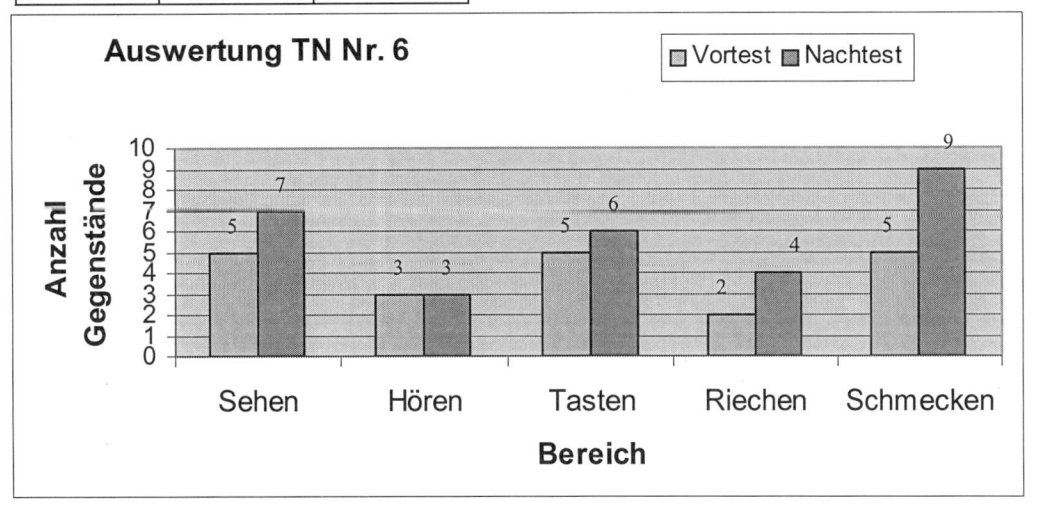

Auswertung TN Nr. 6

Auswertung Vortest – Nachtest / TN 5 + TN 6

TN-Nr. 7	Vortest	Nachtest
Sehen	4	5
Hören	3	4
Tasten	4	4
Riechen	1	0
Schmecken	4	5

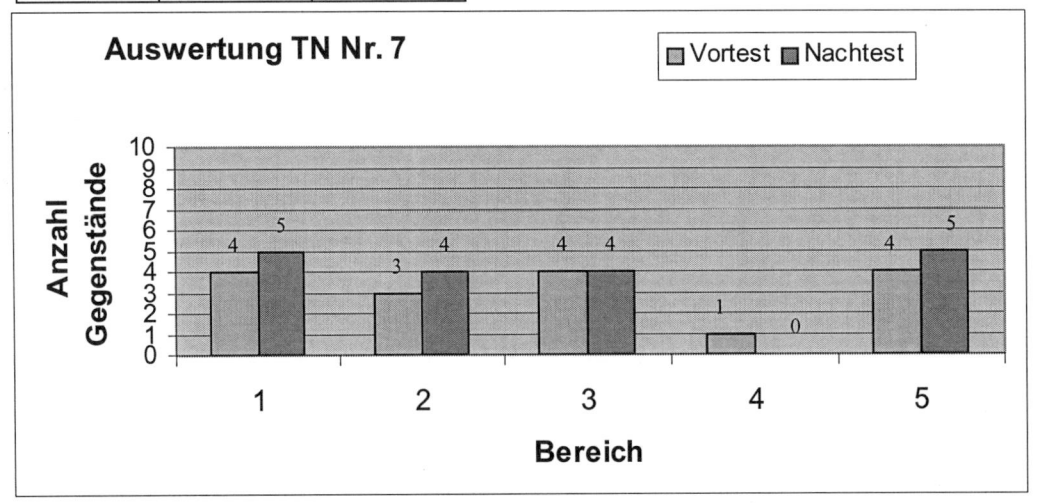

Auswertung TN Nr. 7 — Vortest / Nachtest (Anzahl Gegenstände nach Bereich 1–5)

TN-Nr. 8	Vortest	Nachtest
Sehen	7	8
Hören	2	3
Tasten	4	4
Riechen	1	0
Schmecken	7	8

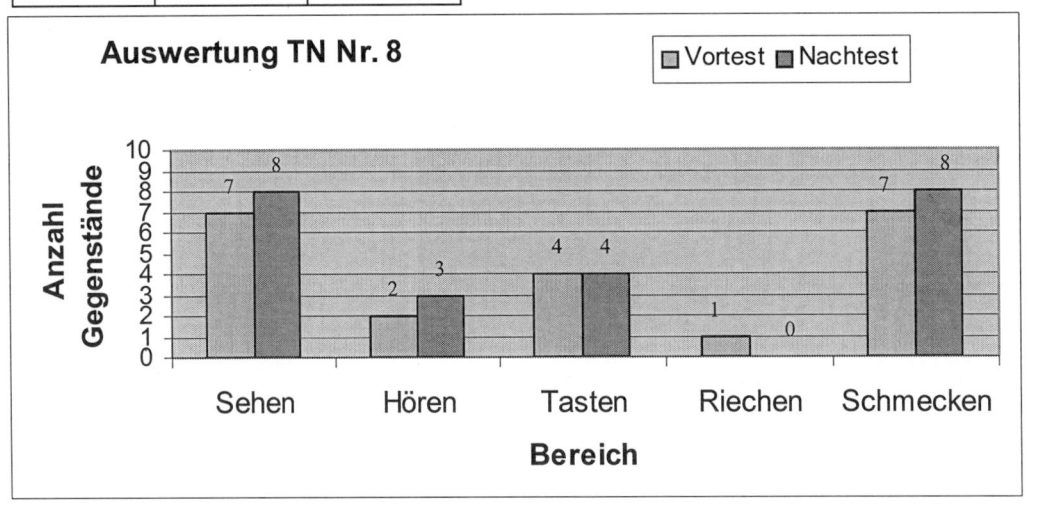

Auswertung TN Nr. 8 — Vortest / Nachtest (Anzahl Gegenstände: Sehen, Hören, Tasten, Riechen, Schmecken)

Auswertung Vortest – Nachtest / TN 7 + TN 8

TN-Nr. 9	Vortest	Nachtest
Sehen	8	10
Hören	6	7
Tasten	5	6
Riechen	5	8
Schmecken	8	8

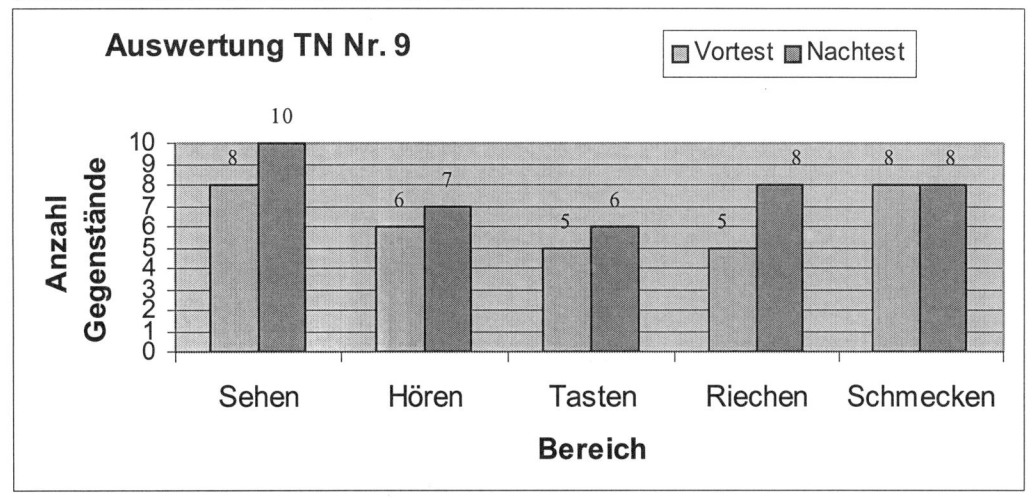

Auswertung TN Nr. 9 — Vortest / Nachtest

Bereich	Sehen	Hören	Tasten	Riechen	Schmecken
Vortest	8	6	5	5	8
Nachtest	10	7	6	8	8

TN-Nr. 12	Vortest	Nachtest
Sehen	8	9
Hören	4	5
Tasten	7	7
Riechen	5	5
Schmecken	8	10

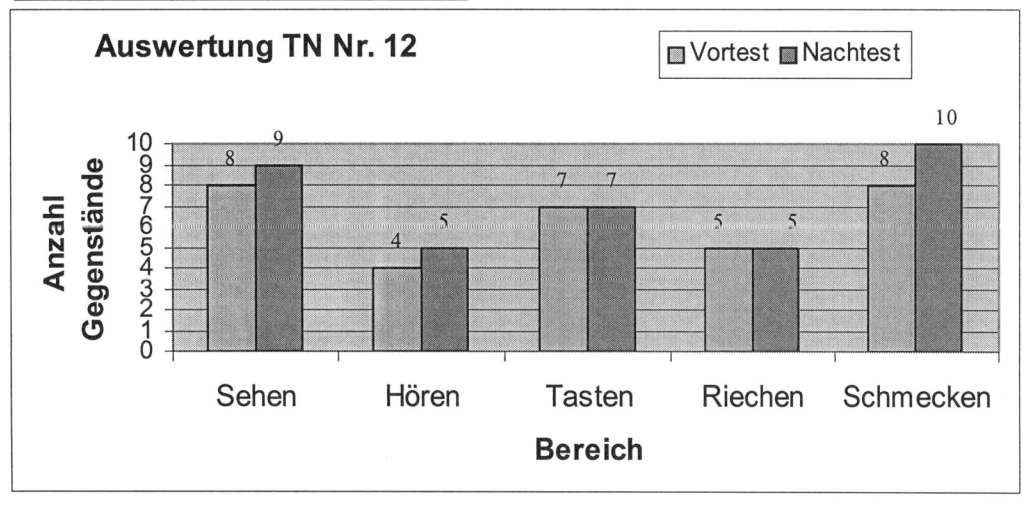

Auswertung TN Nr. 12 — Vortest / Nachtest

Bereich	Sehen	Hören	Tasten	Riechen	Schmecken
Vortest	8	4	7	5	8
Nachtest	9	5	7	5	10

Auswertung Vortest – Nachtest / TN 9 + TN 12

Sehen	6	6
Hören	1	1
Tasten	4	4
Riechen	2	2
Schmecken	4	8

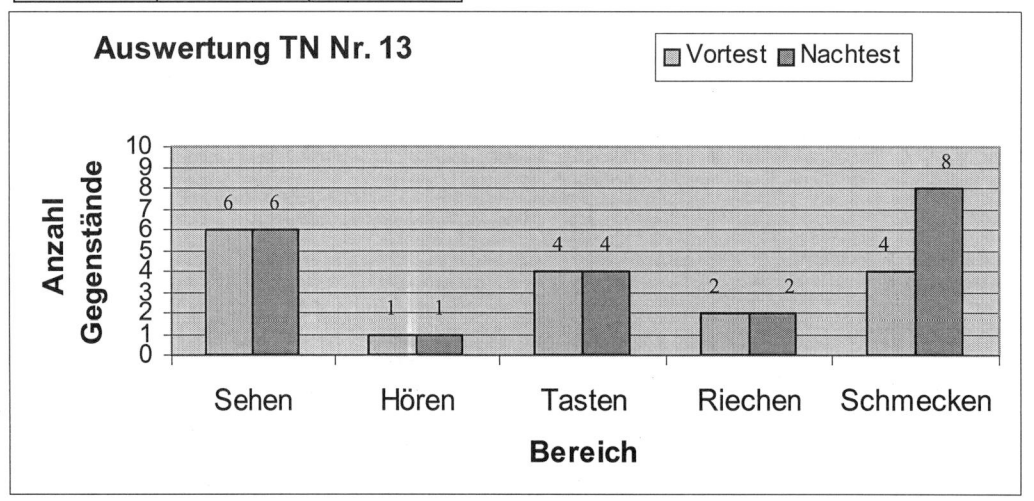

Auswertung TN Nr. 13 — Vortest, Nachtest

Bereich	Sehen	Hören	Tasten	Riechen	Schmecken
Vortest	6	1	4	2	4
Nachtest	6	1	4	2	8

Auswertung Vortest – Nachtest / TN 13

TN-Nr.	Vortest	Nachtest
1	5	7
2	6	9
3	2	5
4	10	10
5	6	4
6	5	7
7	4	5
8	7	8
9	8	10
10	6	
11	0	0
12	8	9
13	6	6
14	10	

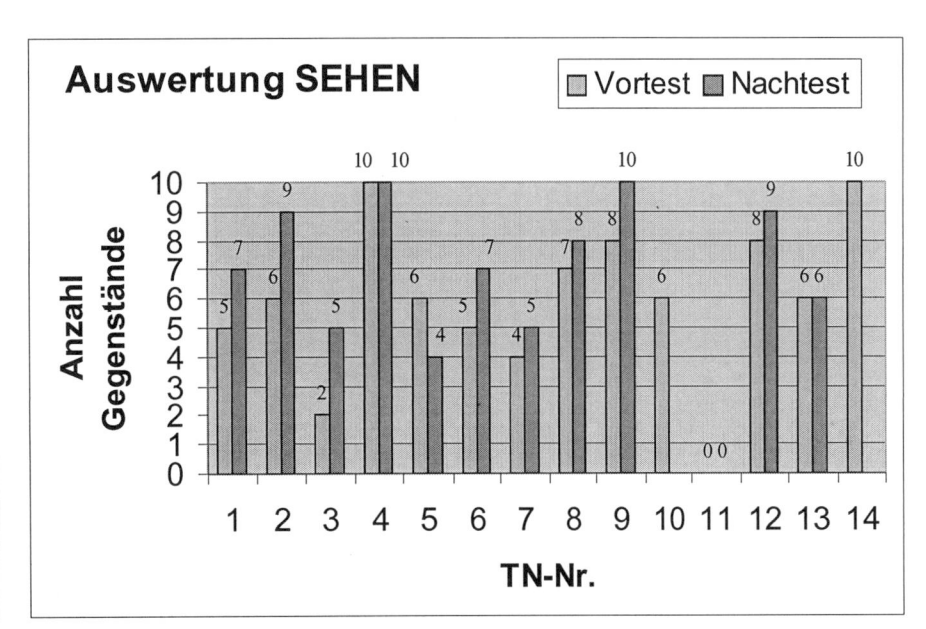

Auswertung Vortest – Nachtest / SEHEN

TN-Nr.	Vortest	Nachtest
1	1	3
2	3	5
3	0	2
4	1	3
5	1	0
6	3	3
7	3	4
8	2	3
9	6	7
10	0	
11	0	0
12	4	5
13	1	1
14	4	

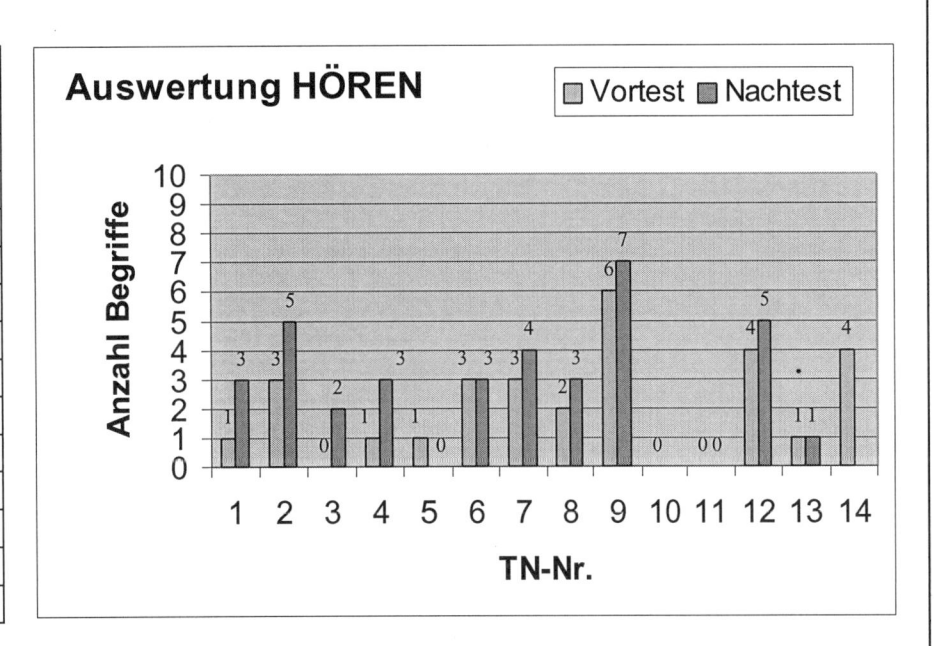

Auswertung Vortest – Nachtest / HÖREN

TN-Nr.	Vortest	Nachtest
1	6	6
2	2	4
3	2	4
4	6	7
5	3	3
6	5	6
7	4	4
8	7	9
9	8	9
10	5	
11	0	0
12	7	7
13	4	4
14	5	

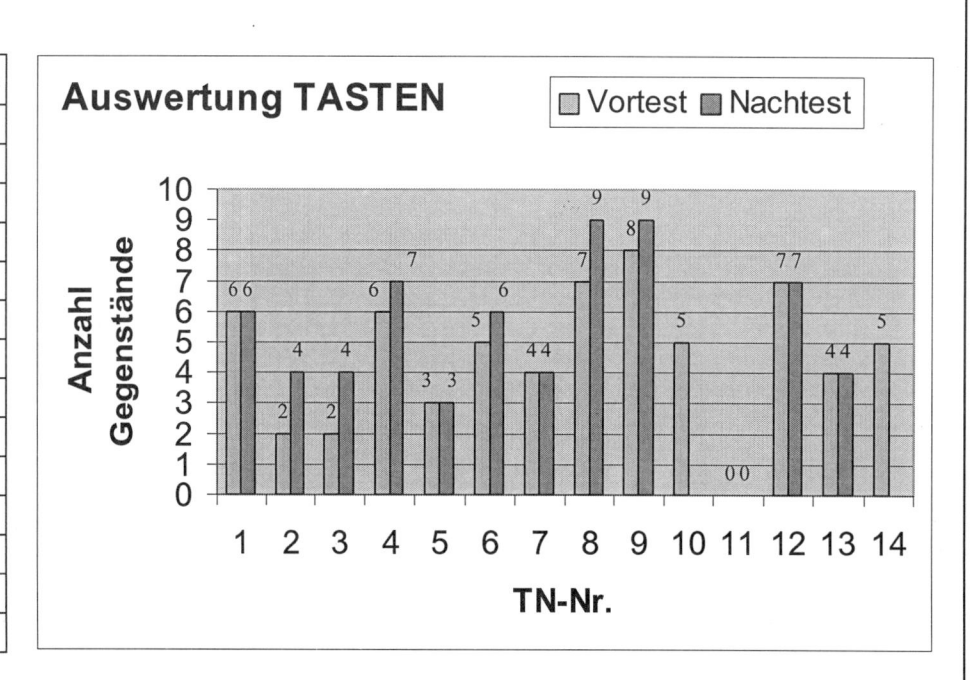

Auswertung TASTEN

Auswertung Vortest – Nachtest / TASTEN

TN-Nr.	Vortest	Nachtest
1	3	2
2	1	0
3	3	1
4	0	1
5	0	1
6	2	4
7	1	0
8	0	5
9	5	8
10	0	
11	0	0
12	5	5
13	2	2
14	3	

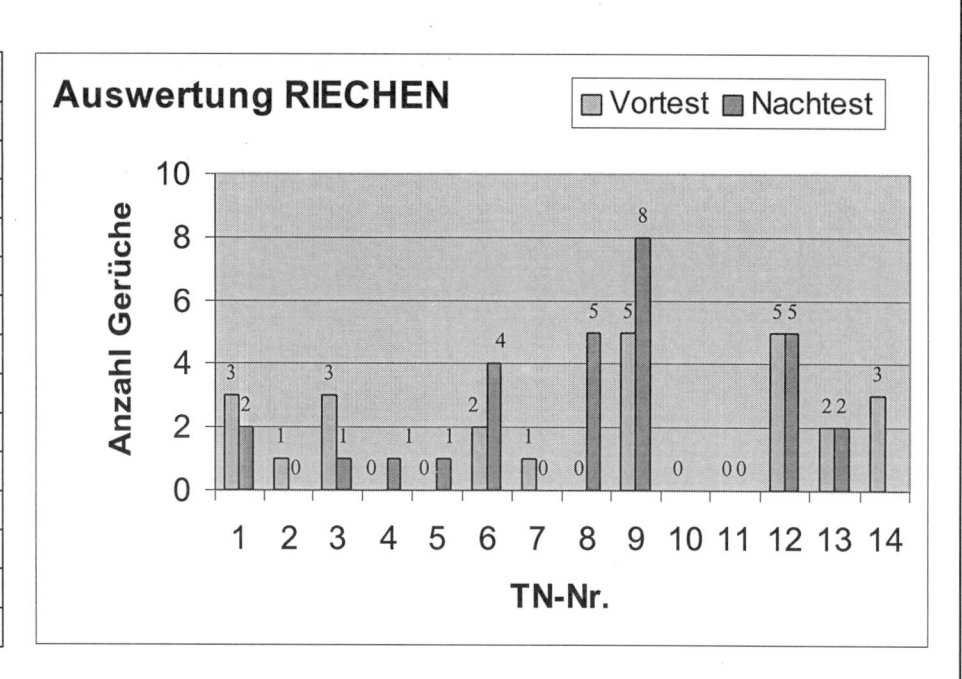

Auswertung RIECHEN

Auswertung Vortest – Nachtest / RIECHEN

TN-Nr.	Vortest	Nachtest
1	5	7
2	4	8
3	3	3
4	7	10
5	4	3
6	5	9
7	4	5
8	7	8
9	8	8
10	4	
11	0	0
12	8	10
13	4	8
14	6	

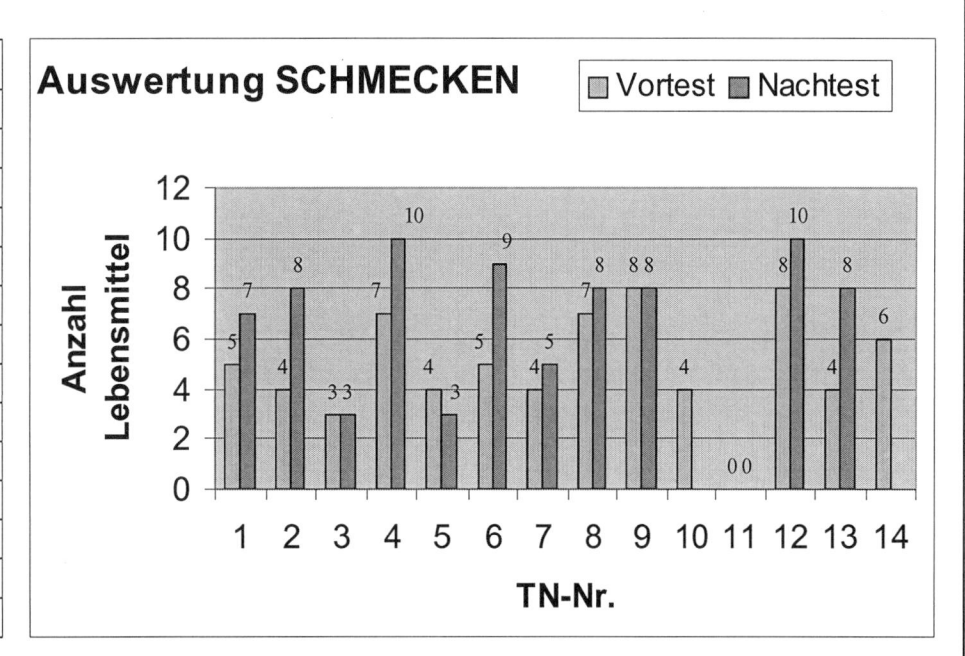

Auswertung SCHMECKEN

Auswertung Vortest – Nachtest / SCHMECKEN

Gesamtstatistik Verbesserung / Verschlechterung

TN-Nr.	Sehen	Hören	Tasten	Riechen	Schmecken
1	2	2	0	-1	2
2	3	2	2	-1	4
3	3	2	2	-2	0
4	0	2	1	1	3
5	-2	-1	0	1	-1
6	2	0	1	2	4
7	1	1	0	-1	1
8	1	1	2	5	1
9	2	1	1	3	0
10					
11	0	0	0	0	0
12	1	1	0	0	2
13	0	0	0	0	4
14					

TN 10 und 14 = beim Nachtest nicht anwesend
TN 11 = zeitweise dement

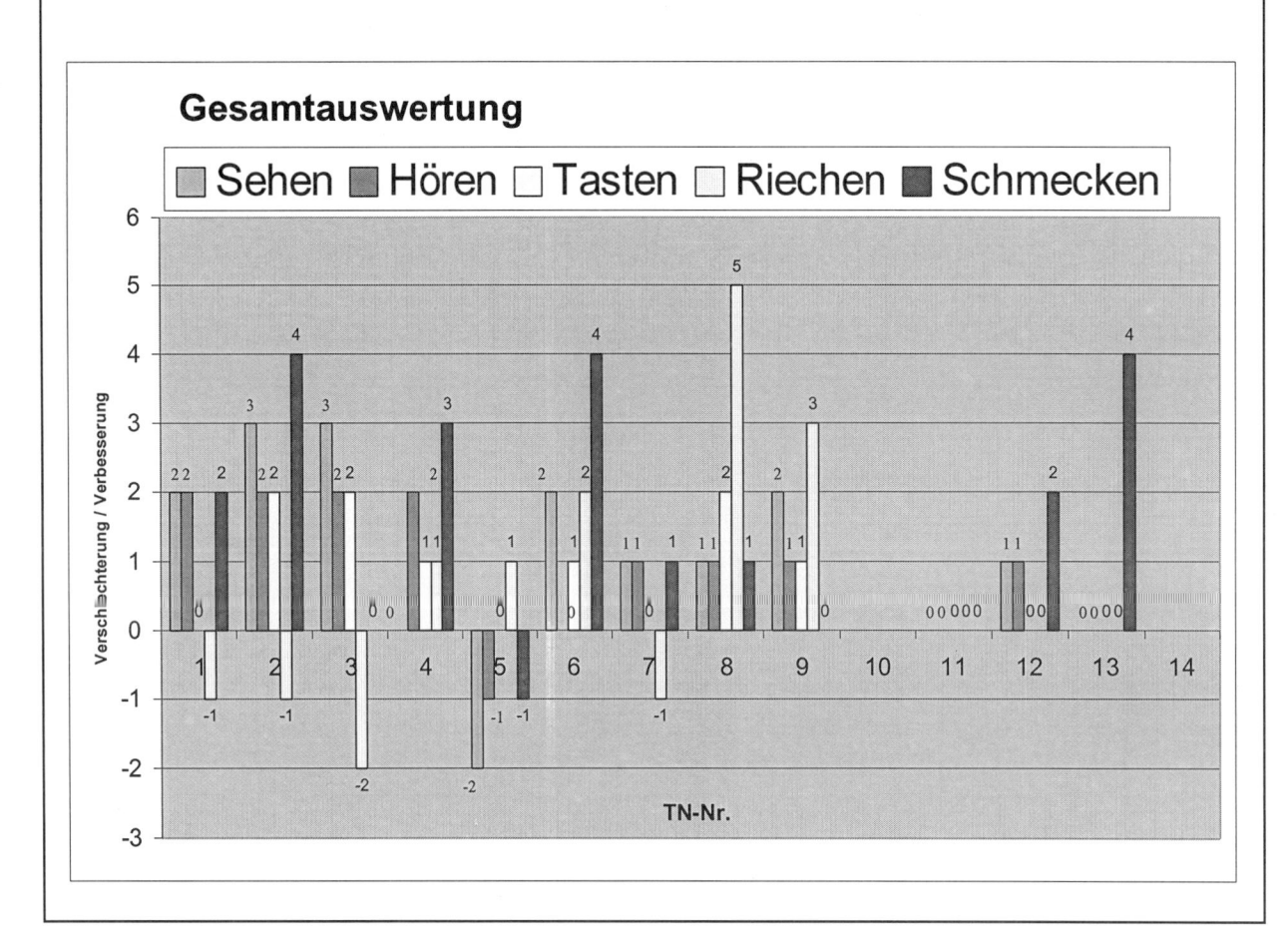

2 Originalarbeit von Friederike Müller

Friederike Müller

Versuch einer Evaluation zum Thema Gedächtnistraining

Inhalt   **Seite**

1. Definition des Begriffes „Evaluation".. 1

2. Versuch einer Evaluation zum Thema Gedächtnistraining 2

3. Zielgruppenbeschreibung 2

4. Trainingszielbeschreibung.. 3

5. Gedanken zur Durchführung einer Mini-Evaluation 5

6. Beschreibung der zur Evaluation angewandten Übungen 6

7. Evaluations-Durchführung 8

8. Reflexion und Auswertung 9

Anlage: Stundenprotokoll

1. Definition des Begriffes „Evaluation"

In dem Begriff „Evaluation" ist die englische Vokabel „value" (dt:Wert) enthalten. „Evaluation" lässt sich also grob mit „Wertermittlung" übersetzen. In der wissenschaftlichen Literatur wird „Evaluation" synonym für unterschiedliche Begriffe wie „Begleitforschung", „Wirkungskontrolle", „Qualitätskontrolle", „Effizienzforschung" oder „Erfolgskontrolle" verwendet.

Evaluationen liegt in jedem Fall eine Leit-oder Masterfrage zugrunde:

„Was will ich eigentlich wissen?"

Die Deutsche Gesellschaft für Evaluation (DeGEval) hat für Evaluationen vier grundlegende Eigenschaften als Standard ermittelt:

a. Nützlichkeit
Der Nützlichkeitsstandard soll sicherstellen, dass sich Evaluation an den geklärten Evaluationszwecken und am Informationsbedarf des Nutzers orientiert.

b. Durchführbarkeit
Durchführbarkeitsstandards sollen gewährleisten, dass eine Evaluation realistisch, gut durchdacht und kostenbewusst ausgeführt wird.

c. Fairness
Dieser Standard soll sicher stellen, dass in einer Evaluation respektvoll und fair mit den betroffenen Personen und Gruppen umgegangen wird.

d. Genauigkeit
Genauigkeitsstandards sollen gewährleisten, dass eine Evaluation gültige Informationen zum jeweiligen Evaluationsgegenstand hervor bringt.

2. Versuch einer Evaluation zum Thema „Gedächtnistraining"

Aufgabenstellung: Es soll eine Evaluation zum Thema „Gedächtnistraining"
am Beispiel einer Trainingsgruppe vorgenommen werden. Als wählbares Trainingsziel stehen neun Themen zur Auswahl:

- Konzentration
- Wortfindung
- Fantasie und Kreativität
- Wahrnehmung
- Urteilsfähigkeit
- Logisches Denken
- Strukturieren
- Assoziatives Wissen
- Formulieren

Ziel ist es, die Wirkung einzelner Trainingselemente zu ermitteln (Masterfrage).
Beispielsweise:

- Wirkt das Training ?
- Wie wirkt das Training?
- Bei wem wirkt das Training?
- Lassen sich Trainingsziele steigern?

3. Zielgruppenbeschreibung

Die Verfasserin hat normalerweise wechselnde Seminargruppen, die aufgrund ihrer relativ kurzen Anwesenheit für eine Evaluation nicht in Frage kommen. Es bot sich jedoch die Gelegenheit, über einen längeren Zeitraum hinweg mit den Mitarbeitern eines Tagungs- und

Kongresshotels zu arbeiten. Es handelte sich um insgesamt 11 Personen, die einmal wöchentlich am Gedächnistraining teilnahmen. Die Altersspanne lag zwischen 20 Jahren und 51 Jahren, alle Teilnehmer waren also im „arbeitsfähigen" Alter. Das Bildungsniveau war sehr unterschiedlich: es handelte sich um Abwaschkräfte aus der Hotelküche, Buchhalter, Lehrer, Haustechniker, Azubis und Verwaltungsmitarbeiter. Auch in der Einstellung zum Thema „Gedächnistraining" waren augenscheinliche Unterschiede festzustellen. Ein Teil der Gruppe belächelte den Gedanken an „Gedächtnistraining" eher, ein anderer Gruppenteil hatte bereits konkrete Alltagssituationen vor Augen, in denen Gedächtnistraining von Nutzen sein könnte. Keiner der Teilnehmer hatte je eine Übung zum Thema gemacht, die Vorstellungen dazu lag zwischen Rätselspielen („Günter Jauch") und Kreuzworträtseln.

Einige Teilnehmer äußerten im Vorfeld die Sorge, vor den Kollegen „bloßgestellt" oder „vorgeführt" zu werden. Wie sich in Gesprächen herausstellte, begründet sich diese Angst zu einem erheblichen Teil aus althergebrachten Differenzen zwischen den Verwaltungsangestellten und dem Servicepersonal das Hauses (...die anderen wissen doch nicht, was Arbeit bedeutet etc.).

In mehreren Gesprächen musste den Teilnehmern zunächst die Angst vor einer Bloßstellung genommen werden.

Insgesamt jedoch überwog bei allen Gruppenmitgliedern die Neugierde.

4. Trainingszielbeschreibung

Trainingsziel für die oben beschrieben Gruppe war es, die Merkfähigkeit der einzelnen Teilnehmer zu erhöhen. Sie sollten in die Lage versetzt werden, sich eingehende Informationen besser einzuprägen, indem diese Informationen „in Struktur" gebracht werden. Strukturierte Informationen lassen sich anschließend auch leichter abrufen.

Als Trainingsmethode wurde daher das Element „Strukturieren" ausgewählt. Bei dieser Methode müssen Informationen geordnet, ergänzt und Zusammenhänge erkannt werden. Dazu sollen sie in ein Bezugs- und Regelsystem eingebracht und gegliedert werden. Durch die Unterordnung oder/und Überordnung von Begriffen sollen Informationen geordnet abgespeichert und Zusammenhänge aufgedeckt werden.

Es werden demnach **a. Oberbegriffe** und **b. Unterbegriffe** gesucht.

Zu **a. Oberbegriffe** :

Dinge unserer Umgebung oder Begriffe aller Art können in eine Ordnung gebracht werden, indem man sie Oberbegriffen oder Sammelnamen zuordnet.

Beispiel 1:   Finger, Kopf, Füße
Lösung: Körperteile

Beispiel 2:   Koffer, Handtasche, Seesack
Lösung: Reisegepäck

Diese Übung kann für geistig bewegliche Gruppen, wie die oben beschriebene, erschwert werden. So kann eine Reihe verschiedenster Dinge aufgezählt, gemischt und schnellstmöglich in verschiedene Gruppen eingeteilt werden.

Beispiel 3:   Rittersporn, Löwenzahn, Wachholder, Schnittlauch, Basilikum, Ahorn, Huflattich, Tanne, Hahnenfuß, Kiefer, Esche, Eibe, Enzian, Vergissmeinnicht, Ulme, Sonnenblume, Kornblume, Eiche, Majoran, Petersilie

Lösung: 1. Gewürzpflanzen
                2. Laubbäume
                3. Nadelbäume
                4. blau blühende Blumen
                5. gelb blühende Blumen

Die Aufgabe kann erleichtert werden, wenn die zu gruppierenden Begriffe untereinander aufgeführt werden.

Beispiel 4:   Schnittlauch   Ulme   Sonnenblume

               Basilikum   Esche   Löwenzahn

               Majoran   Ahorn   Hahnenfuß

               Petersilie   Eiche   Huflattich

Zu b. Unterbegriffe

In der zweiten Stukturierungsübung werden Unterbegriffe gesucht. Hier steht der Sammelname oder Oberbegriff zur Verfügung. Dazu müssen in der Übung die untergeordneten Begriffe gesucht werden.

Beispiel 1:   Fußbekleidung
Lösung: Schuh, Pantoffel, Sandale, Stiefel

Beispiel 2:   Spielzeug
Lösung: Ball, Puppe, Bauklotz, Springseil

Bei dieser Art von Übung ist die Suche nach den Begriffen zahlenmäßig nicht eingeschränkt. Unter einen Oberbegriff fallen unter Umständen sehr viele Unterbegriffe. Außerdem können abstrakte Begriffe die Aufgabenstellung erschweren. Die oben angeführten, einfachen Beispiele sollen hier nur der Erläuterung dienen.
Übungen in den Teststunden mit der oben beschriebenen Gruppe hatten ein weitaus höheres Niveau.

5. Gedanken zur Durchführung der Mini - Evaluation mit Testziel

Die oben beschriebe Gruppe übte zunächst über einige Wochen
(1 Stunde/Woche) unterschiedliche Methoden des Gedächtnistrainings. Das Thema „Strukturieren" wurde dabei bewusst ausgeklammert. Für die Evaluation dieser Methode

sollte sie den Teilnehmern zunächst nicht bewusst gemacht werden. Das Ziel dieser Evaluation (und damit die Masterfrage) lautet:

Steigert die Anwendung der Methode „Strukturieren" die Merkfähigkeit der Teilnehmer?

Um eine Antwort auf diese Frage zu bekommen, entschied sich die Verfasserin für eine Untersuchung von Vergleichsgruppen. Die Teilnehmer des Seminars wurden daher in zwei Gruppen mit je 5 bzw. 6 Personen aufgeteilt. Die Verfasserin stellte folgende These auf:

Personen, die in einer eingeschränkten Zeitspanne mit einer Anzahl gemischter Begriffe konfrontiert werden, können sich mehr Begriffe merken, wenn sie die Methode des „Strukturierens" anwenden. Personen, denen die Methode des „Strukturierens" nicht bewusst ist, können sich im selben Zeitraum weniger dieser Begriffe merken.

Beide Gruppen wurden daher voneinander räumlich getrennt. Gruppe 1 wurde mit der Methode des „Strukturierens" vertraut gemacht, Gruppe 2 nicht.
Eine Verfälschung des Untersuchungsergebnisses könnte möglicherweise durch das unterschiedliche Bildungsniveau und die unterschiedliche Altersstruktur der Teilnehmer auftreten. Um dieser Fehlerquelle vorzubeugen, wurden die Teilnehmer derart auf die beiden Gruppen aufgeteilt, dass jede in etwa den gleichen Anteil an Verwaltungskräften und Servicekräften enthielt. Auch auf eine in etwa gleiche Altersstruktur wurde geachtet.

6. Beschreibung der zur Evaluation angewandten Übungen

Bei der Evaluation der Methode „Strukturieren" beschränkte sich die Verfasserin auf das Finden und Anwenden von Oberbegriffen (vgl. Kapitel 4.a.). Dazu wurden drei Themenbereiche entwickelt. Jeder Themenbereich deckte vier denkbare Oberbegriffe ab. Jedem Oberbegriff ließen sich fünf Begriffe zuordnen.

1. Einkaufen

1.a. Milchprodukte: Joghurt, Sahne, Käse, Kefir, Buttermilch
1.b. Reinigungsmittel: Duschgel, Handseife, Shampoo, Weichspüler
   WC-Reiniger

1.c. Süßigkeiten: Lakritz, Chips, Weingummi, Gelee-Bananen, Erdnüsse
1.d. Getränke: Mineralwasser, Bier, Cola, Orangensaft, Wein

2. Tiere

2.a. Reptilien: Chamäleon, Leguan, Eidechse, Klapperschlange, Gecko
2.b. Katzen: Luchs, Gepard, Wildkatze, Löwe, Tiger
2.c. Insekten: Schmetterling, Maikäfer, Ameise, Blattlaus, Hornisse
2.d. Fische: Hecht, Delphin, Lachs, Piranha, Forelle

3. Fernsehsendungen

3.a. Polit-Magazine: Spiegel-TV, Bericht aus Berlin, Politbarometer, Monitor,
   Report Baden-Baden
3.b. Soaps: Gute Zeiten-Schlechte Zeiten, Marienhof, Lindenstraße,
   St. Angela, In aller Freundschaft

3.c. Krimi-Serien: Wolff's Revier, Derrik, Tatort, Polizeiruf 110, Siska
3.d. Kindersendungen: Sesamstraße, Biene Maja, Bernd das Brot,
   Dick und Doof, Schloss Einstein

Mit den Teilnehmern soll jeder Themenbereich einzeln durchgegangen werden. Zu jedem Bereich gibt es insgesamt 20 Begriffe. Diese werden in zufälliger Reihenfolge, also unabhängig von möglichen Oberbegriffen, per Overhead-Projektor vorgestellt.

7. Evaluations-Durchführung

Für die Durchführung hatte jede Gruppe einen ähnlichen hellen Raum zur Verfügung. Die Verfassserin widmete sich den Gruppen zeitversetzt. Alle Teilnehmer waren über den Experiment-Charakter informiert. Die Verfasserin hatte zuvor gefragt, ob die Teilnehmer bereit seien, an der Überprüfung der Wirksamkeit einer nicht näher definierten Methode des Gedächtnistrainings teilzunehmen.

Die Evaluation begann mit Gruppe 1.

Zum Aufwärmen wurden zunächst einige bekannte Übungen durchgeführt. Anschließend wurde die Gruppe anhand einiger Beispiele (vgl. Kapitel 4) mit der Methode des „Strukturierens" vertraut gemacht. Mit dem Overhead-Projektor wurden darauf hin die zwanzig Einzelbegriffe des Themenbereiches „Einkaufen" an die Wand projiziert. Die Mischung dieser Einzelbegriffe war zufällig gewählt. Die Aufgabe an die Teilnehmer lautete nun: „Merken Sie sich innerhalb von exakt 3 Minuten möglichst viele dieser Begriffe. Wenden Sie dabei die Methode des Strukturierens an. Schreiben Sie die Begriffe nach Ablauf der 3 Minuten auf."

Nach einer kleinen Erholungspause folgte nach dem gleichen Ablauf der Themenbereich „Tiere". Anschließend wurden die aufgeschriebenen Begriffe eingesammelt und ausgewertet.

Die Evaluation wurde mit Gruppe 2 fortgesetzt.

Zum Aufwärmen wurden auch hier zunächst bekannte Übungen durchgeführt. Die Gruppe wurde jedoch nicht mit der Methode des „Strukturierens" vertraut gemacht. Stattdessen wurden hier die zwanzig Einzelbegriffe des Themenbereiches „Einkaufen" ohne Vorbereitung an die Wand projiziert. Die Aufforderung lautete hier lediglich: „Merken Sie sich innerhalb von exakt 3 Minuten möglichst viele dieser Begriffe. Schreiben Sie die

Begriffe nach Ablauf der 3 Minuten auf. Ebenfalls nach einer kleinen Erholungspause folgte auch hier der Themenbereich „Tiere". Die aufgeschriebenen Begriffe wurden ebenfalls eingesammelt und ausgewertet.

Um ein möglich sicheres Evaluationsergebnis zu erhalten, wurde im Anschluss ein weiterer Test vorgenommen. Dazu wurde zunächst Gruppe 2 ebenso gründlich wie zuvor Gruppe 1 mit der Methode des „Strukturierens" vertraut gemacht. Danach wurden beide Gruppen, nach Sitzordnung getrennt, wieder in einem Raum versammelt. Beiden Gruppen wurden nun die zwanzig Begriffe des Themenbereiches „Fernsehn" präsentiert. Der Schwierigkeitsgrad dieses Themenbereiches lag in etwa auf dem Niveau der beiden vorherigen Themenbereiche. Beide Gruppen bekamen nun die Aufforderung: „Merken Sie sich innerhalb von 3 Minuten möglichst viele dieser Begriffe. Wenden Sie dabei die Methode des Strukturierens an. Schreiben Sie die Begriffe nach Ablauf von 3 Minuten auf. Die aufgeschriebenen Begriffe wurden nun, nach Gruppen sortiert, eingesammelt und ausgewertet.

8. Reflexion und Auswertung

An dieser Stelle werden zunächst die Ergebnisse der Gruppe 1 (mit Vorkenntnissen „Strukturierung") vorgestellt: Beim Themenbereich „Einkaufen" konnte sich der beste Teilnehmer 15 Begriffe merken, der schlechteste 7. Im Mittelwert erreichte die Gruppe 12 Begriffe. Beim Themenbereich „Tiere" konnte sich der beste Teilnehmer 14, der schlechteste 7 Begriffe merken. Im Mittelwert erreichte die Gruppe hier 11 Begriffe. Im Themenbereich „Fernsehen" erreichte der beste Teilnehmer 15 Begriffe, der schlechteste 8 Begriffe. Im Mittelwert erreichte die Gruppe 12 Begriffe.

Die Ergebnisse der Gruppe 2 (ohne Vorkenntnisse „Strukturierung") weichen davon ab. Beim Themenbereich „Einkaufen" konnte sich der beste Teilnehmer 11 Begriffe merken, der schlechteste 6. Im Mittelwert erreichte die Gruppe 9 Begriffe. Beim Themenbereich „Tiere" konnte sich der beste Teilnehmer 10, der schlechteste ebenfalls 6 Begriffe merken. Im Mittelwert lag die Gruppe bei 8 Begriffen. Im Themenbereich „Fernsehen" erreichte der beste Teilnehmer 13 Begriffe, der schlechteste 7. Im Mittelwert erreicht die Gruppe 10 Begriffe.

Zur Verdeutlichung sei hier der jeweils erreichte Mittelwert im direkten Vergleich dargestellt:

Themenbereich	Gruppe 1	Gruppe 2
Einkaufen	12	9
Tiere	11	8
Fernsehen	12	11

In der Auswertung war Gruppe 1 deutlich merkfähiger als Gruppe 2. Dies ist vor allem an den besseren Mittelwerten erkennbar, aber auch an den jeweils besten, bzw. schlechtesten Leistungen. Besonders augenscheinlich wird dies bei den Themenbereichen „Einkaufen" und „Tiere".

Dies bestätigt die These, dass Teilnehmer mit Vorkenntnis der Methode „Strukturieren" eine höhere Merkfähigkeit aufweisen.

Besonders interessant erscheint der Verfasserin in diesem Zusammenhang das Ergebnis im Themenbereich „Fernsehen". Hier nähern sich die Ergebnisse beider Gruppen auffällig an. Da bei diesem Themenbereich auch die Gruppe 2 über Kenntnisse der Methode „Strukturieren" verfügte, lässt sich auch so eine Steigerung der Merkfähigkeit feststellen. Dies kann ebenfalls als Indiz für die Effizienz der Methode gewertet werden.

Angemerkt werden sollte an dieser Stelle, dass sich Gruppe 2 beim Überprüfen des Themenbereiches „Fernsehen" mental schon ein wenig als „Unterlegene" fühlte, da sie in den beiden vorherigen Bereichen ohne Vorkenntnisse in den Test ging. Dies mag sich zumindest beim Themenbereich „Fernsehen" ergebnismindernd ausgewirkt haben.

3 Originalarbeit von Hedwig Zaeck

Bundesverband Gedächtnistraining e.V.

Qualifizierung zur Ausbildungsreferentin im Jahr 2003

Entwickeln und beschreiben Sie ein Training mit Evaluation für eine bestimmte Zielgruppe zu einem der Ansätze des ganzheitlichen Gedächtnistrainings.

eingereicht von: **Hedwig Zaeck**

Ort: **Lingen**

Datum: **21.08.2003**

Inhalt:
Ausarbeitung nach der Gliederungsvorgabe des Bundesverbandes für Gedächtnistraining
(die Reihenfolge der Vorgabe wurde für meine Ausarbeitung leicht verändert)

A   Abkürzungen

B   Definition

C   Zielgruppenbeschreibung

D   Versuch einer Evaluation in der Trainingspraxis

E   Trainingszielbeschreibung

F   Gedanken zur Durchführung der Mini-Evaluation mit Testziel

G   Störfaktoren

H   Beschreibung der Durchführung

I   Durchführung des Gesamtkonzeptes

J   Stundenkonzepte mit 4 Unterrichtseinheiten

K   Genaue Beschreibung der relevanten Übungen zur Erreichung des gesetzten Zieles

L   Auswertung

M   Reflexion

A   Abkürzungen

BVGT - Bundesverband für Gedächtnistraining
GT   - Gedächtnistraining
TN   - Teilnehmer/in
KL   - Kursleiter
SL   - Spielleiter
AB   - Arbeitsblatt
HAG - Hausaufgabe
EAB - Eigenes Arbeitsblatt

B   Definition

Evaluation – Beurteilung, Bewertung

Evaluation ist in der Trainingspraxis zu verstehen als Erfolgs-, Wirkungs- und Qualitätskontrolle.

C Zielgruppenbeschreibung

Ich bin mit 29,0 Std/Woche als Aktivierungstrainerin in der Seniorenarbeit im Wohnstift Lingen e. V. beschäftigt. Das Wohnstift ist eine Senioreneinrichtung mit 70 Pflegewohnplätzen und 80 Wohnungen für das Betreute Wohnen. Das Haus wurde 1996 erbaut und hebt sich durch seinen modernen Innenausbau von konventionellen Altenheimen deutlich ab.

Mein Aufgabenfeld im Wohnstift Lingen ist ausschließlich die Beschäftigung, Motivierung und Aktivierung der Bewohner/Innen, sowohl des Pflegewohnbereiches, als auch des Betreuten Wohnens.

Eine von mir gegründete Gedächtnistrainingsgruppe besteht aus 8 Bewohnern, 3 Männer und 5 Frauen aus dem Betreuten Wohnen. Zurzeit pausieren 2 Personen (ein Ehepaar) wegen Krankheit längerfristig. Die Teilnehmer/Innen sind zwischen 75 und 86 Jahre alt und wohnen zwischen 6 Jahren und einem ½ Jahr im Haus.

Um die Anonymität der Gruppenmitglieder zu wahren, habe ich ihre Namen dem Alphabet zugeordnet.

Mit dieser Gruppe möchte ich den Versuch einer Evaluation vornehmen.

Herr A. und Frau B kennen sich seit längerer Zeit und sind befreundet. Die übrigen Teilnehmer kennen sich nur durch die Kontakte im Hause und sprechen sich mit „Sie" an.

Gegründet wurde diese Gruppe vor ca. einem Jahr. Die regelmäßige Beteiligung ist sehr gut, nur in besonderen Ausnahmefällen oder bei Krankheit fehlt ein Teilnehmer.

Die Gruppe hat ein hohes Niveau an Allgemeinwissen. Die Frauen der Gruppe waren im aktiven Berufsleben kaufmännische Angestellte, Chefsekretärin oder Hausfrau. Die Berufe der Männer sind: Zollbeamter in leitender Position, Bahnbediensteter im technischen Bereich und Arzt (Doktor der Chirurgie). Die Teilnehmer haben zwar einen unterschiedlichen Bildungsstand und verschiedene Berufe, der Wissensstand ist aber ähnlich hoch je nach Interessen, Hobbys und Lebenserfahrung.

Die Gruppe vertraut mir als Gruppenleiterin und bestätigt mir Kompetenz und Kreativität.

Die Gruppenmitglieder respektieren sich untereinander und es herrscht ein positives und angenehmes Klima. Es gibt Gespräche, Diskussionen und Meinungsverschiedenheiten und auch mal Zurechtweisungen untereinander. Dabei treffen sie stets den richtigen Ton. Das Gedächtnistraining wird ernst genommen (siehe Standards der Evaluation – Identifizierung) und für mich stellt sich die spannende Frage: „Kann ich den Versuch einer Evaluation in einer Gruppe wagen, die schon über einen längeren Zeitraum trainiert?"

D Versuch einer Evaluation in der Trainingspraxis

Fragt man die Teilnehmer der Gedächtnistrainingsgruppe:„Warum wollen Sie ihr Gedächtnis trainieren? „werden vordergründig die Probleme mit dem Kurzzeitgedächtnis angegeben. „Meine Vergesslichkeit, ich kann mir keine Namen merken" oder „ich vergesse Termine und finde des Öfteren meinen Schlüssel nicht", sind Antworten, die immer wieder gegeben werden. So erscheint es mir sinnvoll, auf die Interessen der Teilnehmer einzugehen und die Merkfähigkeit zu trainieren. Doch der Merkfähigkeit wichtigste Voraussetzung ist die Assoziation. Vor allem im Hinblick auf das Trainieren von Merkstrategien, Symbolisieren von Zahlen, sowie das Merken von Listen und Zusammenhängen. Somit fiel meine Wahl für den Versuch einer Evaluation auf das Trainingsziel **ASSOZIIEREN**. Die Frage: (siehe Seminarunterlagen Juni 2003 Y. Bellon) „Was soll erreicht werden?" beantwortet sich hierdurch. Nämlich: **das rasche Verknüpfen von Informationen, das zügige Verbinden von Gedanken, eine Voraussetzung für das Lernen und Merken im täglichen Alltag** (siehe Standards der Evaluation – Nützlichkeit)

E Trainingszielbeschreibung

ASSOZIATION (laut BVGT)
Verknüpfen neuer Informationen mit bereits gespeicherten. Beim assoziativen Denken werden Gedankenverbindungen hergestellt, neue Informationen mit bereits bekannten verglichen und verknüpft. Lernprozesse werden durch das assoziative Denken erleichtert. Je mehr solcher Gedankenverbindungen verknüpft werden, desto besser funktioniert das Gedächtnis.

F Gedanken zur Durchführung der Mini-Evaluation mit Testziel

Die Masterfrage als Kern der Evaluation ist: **Was will ich wissen?**
Ich möchte wissen, ob in meiner Gedächtnistrainingsgruppe nach 4 Trainingseinheiten das Trainingsziel ASSOZIIEREN verbessert werden kann.
Das Ziel wird erreicht durch:
- Erklärung und Aufklärung der Teilnehmer über die geplante Evaluation mit Definition des Trainingszieles (siehe Standards der Evaluation – Klärung)
- Verstärkt Übungen planen, die das Assoziieren trainieren.
- Verschiedenartige Übungen anbieten, die ‚das Assoziieren in vielfältiger Form trainieren, d.h. schriftlich, mündlich, in versteckter Form, in Wortfindungen, spontan oder der Reihe nach, zu Personen, Tätigkeiten, Eigenschaften usw.
- Immer wieder auf exakte Erklärung der Übung achten.
- Das Training methodisch geschickt aufbauen, um Über- oder Unterforderung zu vermeiden.
- Die übrigen Trainingsziele mit in das Training einbringen nach den bekannten Strukturen einer Gedächtnistrainingsstunde.

G Störfaktoren

Zwei Teilnehmer leiden unter Schwerhörigkeit, der durch geschicktes Taktieren mit dem Hörgerät weitgehend entgegen gewirkt wird. Dadurch ist Partnerarbeit nur sehr eingeschränkt möglich.
Es wäre auch denkbar, dass es zu Ablehnungshaltungen kommt und Versagensängste auftauchen, die Testsituation könnte Stress hervorrufen.
Durch das Alter der Teilnehmer sind auch zeitweise Denkblockaden möglich. Sie äußern sich beispielsweise in: „Heute fällt mir das Denken besonders schwer". Diese Situation tritt erfahrungsgemäß aber eher selten auf.
Von Zeit zu Zeit kommt es vor, dass der vertraute Gruppenraum aus organisatorischen Gründen belegt ist. Im Ersatzraum sind Stimmen aus der angrenzenden Halle zu vernehmen.

H   Beschreibung der Durchführung

Die Teilnehmer sollen in der 1. Woche Test 1 und nach einer Übungsphase in der 4. Woche dann Test 2 bearbeiten.
Ich habe zunächst Test 1 und 2 erstellt. Die Testblätter gleichen sich in der Übungsform, nicht aber im Inhalt. Der Schwierigkeitsgrad wird beibehalten. Die Teilnehmer kennen durch das regelmäßig stattfindende Gedächtnistraining das Assoziieren. Aber ein Arbeitsblatt in dieser Form wurde bisher in der Gedächtnisstunde von den Teilnehmern noch nicht bearbeitet.
Angesichts des relativ kurzen Zeitraumes zur Erstellung dieser Testblätter, entnehme ich die Assoziationsübungen aus der Trainingsmappe 1 S. 8/9 und Trainingsmappe 2 S. 18/19/20.
Der Test ist aufgeteilt in 4 verschiedene Übungen.

Übung A: Verknüpfung neuer Begriffe oder Symbole mit Tieren.
- Beliebig viele Antworten sind möglich.
Übung B: Drei Wörter je drei Personen zuordnen.
- 18 Antworten sind möglich.
Übung C: Assoziieren zu bestimmten Tätigkeiten.
- Beliebig viele Antworten sind möglich
Übung D: Ein gemeinsames Bezugswort suchen.
- 5 Punkte pro Antwort = 15 Punkte sind möglich.
Je Antwort ein Punkt, außer bei Übung D.
Testzeit: 10 Minuten
Nach Beendigung des Testes Besprechung.
Wichtig! Es darf keine Antwort mehr hinzugefügt werden.

I   Durchführung des Gesamtkonzeptes

1. Woche   20.06.03   Übungseinheit mit Test 1
2. Woche   27.06.03   Übungseinheit
3. Woche   04.07.03   Übungseinheit
4. Woche   11.07.03   Übungseinheit mit Test 2

Mit der 1. Woche beginnt der Versuch einer Evaluation mit **Test 1**. In den folgenden Stundeneinheiten werden jetzt verstärkt Übungen eingebracht, die das Assoziieren trainieren, gestaltet durch unterschiedliche Methoden und mit verschiedenen Themen. Danach, in der 4. Woche, findet **Test 2** statt. Die in den Ausarbeitungen von Y. Bellon Juni 2003 aufgeführten Standards für Evaluation: Nützlichkeit, Durchführbarkeit, Fairness und Genauigkeit wurden von mir beachtet, soweit dies in einer Mini-Evaluation möglich ist.

*Anmerkungen zum Stundenaufbau: Das Formblatt für Stundenkonzepte vom BVGT **AK1 S. 47** wurde von mir aus praktischen Gründen vom vorgegebenen Querformat in Hochformat umgeändert. Die Handhabung in der Gedächtnisstunde ist so wesentlich bequemer. Die Zeiteinteilung in 5/10/15-Minutenrhythmus hat sich in dieser Gruppe als gut bewährt.*

J Stundenkonzepte mit 4 Unterrichtseinheiten

Auf den folgenden Seiten sind 4 Unterrichtseinheiten von je 90 Minuten ausgearbeitet.
In der ersten Unterrichtseinheit wird auch Test 1 durchgeführt.
Die fett gedruckten Übungen sind die Übungen, mit dem Trainingsziel **ASSOZIIEREN.**
In der vierten Unterrichtseinheit wird Test 2 durchgeführt.

Hedwig Zaeck   **Gedächtnistraining**

1. Woche   **Test 1**   **Assoziieren**

Übung A
Welche Begriffe oder Symbole fallen Ihnen zu folgenden Tieren ein?

Bär   _____

Elefant   _____

Fisch   _____

Frosch   _____

Löwe   _____

Übung B
Zu einem Subjektiv (Hauptwort) einem Verb (Tätigkeitswort) und einem Adjektiv (Eigenschaftswort) werden jeweils drei Personen (real oder fiktiv) gesucht.

Auto   essen   schnell

_____   _____   _____

_____   _____   _____

_____   _____   _____

Minister   reisen   lustig

_____   _____   _____

_____   _____   _____

_____   _____   _____

Übung C
1. Was kann alles jung sein?

2. Was kann man alles teilen?

Übung D
Vier Wörter haben ein gemeinsames Bezugswort

Buch – Körper – Charakter – Dreieck   _____

Erde – Verwandtschaft – Schraube – Kompanie   _____

Ei – Gefängnis – Haut – Kloster   _____

Planung Gedächtnistraining

Betreutes Wohnen   20.06.03   14:30 Uhr – 16:00 Uhr

Zeit	Übungen	Ziele	Leicht Mittel Schwer	Meth.	Medien
14.30-14.35	HAG lösen	Motivation Selbstkontrolle		gemeins.	dz 14/61
14.35-14.40	Kettenwort, dabei nach zwei Runden wieder beim Anfangswort ankommen.	Aktivierung Denkflexibilität	leicht	reihum	-
14.40-14.45	Bewegung: Lockerungsübungen mit Überkreuzbewegungen, um die Aufmerksamkeit für bevorstehenden Test zu erhöhen.	Konzentration Koordination	mittel	gemeins.	-
14.45-15.05	**Assoziationstest 1 – Erklärung, Ausführung, Nachbesprechung**	**Evaluation**	mittel	einzeln	**Vorbereit. Testblatt**
15.05-15.10	Es wird ein Gedicht von Eugen Roth vorgelesen: „Zu spät"	Entspannung LZG	leicht	gemeins. zuhören	Buch: Eugen Roth
15.10-15.20	TN sollen einen Satz bilden aus: Kreis, Flasche, Salat, Wald, rot	Konzentration Formulierung	mittel	einzeln	-
15.20-15.30	**Bildbetrachtung:** TN sollen das Bild mit Gedanken verknüpfen.	**Assoziieren Visuelle Wahrnehm.**	**mittel/ schwer**	einzeln u. gemeins.	**Bildkartei**
15.30-15.35	HAG: Männliche Vornamen werden gesucht.	Denkflexibilität Formulierung		zu Hause	dz 13/54
15.35-15.55	**Würfelspiel:** TN würfeln die vorher ausgesuchten Assoziationsfragen vom Vertellekesspiel. Hier können alle TN antworten.	**Assoziieren Schnelles Umdenken**	**leicht/ mittel**	**gemeins.**	**Vorsortierte Karten aus Vertellekes**
15.55-16.00	Kleine Reflexion Verabschiedung	Einbeziehung der TN		gemeins.	-

Planung Gedächtnistraining

Betreutes Wohnen 27.06.03 14:30 Uhr – 16:00 Uhr

Zeit	Übungen	Ziele	Leicht Mittel Schwer	Meth.	Medien
14.30-14.35	HAG lösen Männliche Vornamen gesucht	Motivation Denkflexibilität		gemeins.	dz 13/54
14.35-14.40	Wortsammlung: Was fällt Ihnen zu Garten ein?	Assoziation	leicht	gemeins. reihum	-
14.40-14.50	Formulieren Sie mit dem Thema Garten ein Elfchen.	Assoziation Denkflexibilität Formulierung Kreativität	mittel/ schwer	einzeln schriftl.	-
14.50-15.00	KL liest Rätsel und knifflige Aufgaben vor, TN sollen diese gemeinsam lösen.	Konzentration Log. Denken	mittel/ schwer	gemeins.	Rätselbuch
15.00-15.10	Bewegungsfolge mit 8 Zählzeiten Ellenbogen-Handkante	Koordination Beweglichkeit Konzentration	schwer	gemeins.	-
15.10-15.15	KL nennt 10 Wortpaare, TN sollen die Worte in Gedanken verknüpfen; KL nennt in der Wiederholung nur noch das erste Wort. Das zu merkende Wort notieren die TN.	Assoziation Konzentration Merkfähigkeit	schwer	einzeln	-
15.15-15.25	Wortergänzung „Ins Geheim" TN müssen bestehende Buchstaben zu Wörter ergänzen	Zuordnen LZG	mittel	einzeln schriftl.	dz 14/41
15.25-15.30	HAG: Kategorisieren	Denkflexibilität Zuordnen Strukturieren	mittel	zu Hause	AB 40
15.30-15.40	Vorgegebene Formen sollen gestaltet werden.	Assoziation Fantasie	leicht	einzeln	TM 1 AB 30
15.40-15.55	Magisches Quadrat: 9 Buchstaben werden zum Quadrat gelegt. TN sollen daraus möglichst viele Wörter bilden.	Wortfindung vernetztes Denken	mittel	einzeln	Buchstaben-Karten
15.55-16.00	Abschluss - Verabschiedung			gemeins.	

Planung Gedächtnistraining

Betreutes Wohnen 04.07.03 14:30 Uhr – 16:00 Uhr

THEMA: HAND

Zeit	Übungen	Ziele	Leicht Mittel Schwer	Meth.	Medien
14.30-14.35	HAG lösen Kategorisieren	s. 27.06. Motivation	leicht	gemeins.	AB 40
14.35-14.40	**Wortsammlung: Was kann eine Hand alles tun?**	**Aktivierung Wortfindung Assoziation**	**leicht**	**gemeins. reihum**	-
14.40-14.50	Rückwärts geschriebener Text in richtiger Form schreiben.	Konzentration	mittel	einzeln	EAB 51
14.50-15.00	Ausschließen TN sollen aus 4 Wörter ein Wort ausschließen.	LZG Vernetztes Denken	schwer	gemeins.	Flip Chart
15.00-15.10	Bewegung: Finger/Handübungen	Beweglichkeit Koordination	mittel	gemeins.	-
15.10-15.15	**Wortsammlung schriftl. notieren 1. Runde: Was kann in einer Damenhandtasche enthalten sein? 2. Runde: Was fällt Ihnen zu Handarbeit ein?**	**Assoziation Vorstellung stärken**	**mittel**	**einzeln**	**Damenhandtasche Karte mit angegebene Begriffe**
15.15-15.20	Vorlesen: „Mutters Hände" K. Tucholsky (frei übersetzt)	Entspannung LZG	leicht	gemeins. zuhören	Gedichttext
15.20-15.30	**TN ertasten 10 verschiedene Teile.** Erkanntes Teil notieren und dazu die Beschaffenheit bzw. Eigenschaften feststellen.	**Taktile Wahrnehm. Assoziation**	**mittel/ schwer**	**Gegenst. reihum weitergeben**	**10 Teile zum Tasten**
15.30-15.35	HAG Assoziieren und Zuordnen von Verben	Assoziation Zuordnen LZG	mittel/ schwer	zu Hause	EAB 27
15.35-15.55	**Streichholzspiel:** TN können zwischen einem und drei Streichhölzer in die Spielhand nehmen. Reihum müssen alle raten, wie viel Streichhölzer im Spiel sind.	Log. Denken Entspannung	leicht/ mittel	gemeins.	Streichhölzer
15.55-16.00	Abschluss Verabschiedung	TN einbeziehen		gemeins.	-

Planung Gedächtnistraining

Betreutes Wohnen   11.07.03   **14:30 Uhr – 16:00 Uhr**

Zeit	*Übungen*	*Ziele*	*Leicht Mittel Schwer*	*Meth.*	*Medien*
14.30-14.35	HAG lösen Verben zuordnen	Assoziation	mittel/schwer	gemeins.	EAB 27
14.35-14.40	**Wortsammlung: TN ziehen zwei Karten mit je einer Eigenschaft. TN sollen Dinge nennen, die diese Eigenschaften besitzen.**	**Assoziation LZG vernetztes Denken**	**mittel**	**einzeln reihum**	**-**
14.40-14.45	Bewegung: Energieklatschen	Konzentration Aktivierung	mittel	gemeins.	-
14.45-15.05	**Assoziationstest 2 – Erklärung, Ausführung, Nachbesprechung**	**Evaluation**	**mittel**	**einzeln**	**Vorbereit. Testblatt**
15.05-15.15	Wortspiel: „Heimliches Treffen" KL stellt 10 Fragen TN antworten schriftlich und geben verdeckt den Zetteln weiter.	Heiteres zur Entspannung Kreativität	mittel	gemeins.	Vorbereitete Blätter
15.15-15.25	Kim Es werden 12 Gegenstände ausgelegt und nach Merkphase zugedeckt, kleine Ablenkungsaufgabe, dann erinnern.	Wahrnehmung Merkfähigkeit	mittel	einzeln	12 Gegenst. zum Tasten
15.25-15.30	**HAG Um die Ecke gedacht**	**Denkflexibilit. Assoziation**	**mittel/schwer**	**zu Haus**	**dz 13/55**
15.30-15.40	Stolpersteine	LZG Vernetztes Denken	mittel	gemeins.	dz/36
15.40-15.55	Wortsammlung: TN suchen aus den Aplhabetkarten von A-Z neun Buchstaben aus, diese zum Quadrat legen, und innerhalb von 3 Min. zügig Worte suchen. Wiederholen.	Wortfindung Konzentration	mittel	einzeln	Alphabetkarten
15.55-16.00	Kleine Reflexion Verabschiedung	TN einbeziehen		gemeins.	-

K Genaue Beschreibung der relevanten Übungen zur Erreichung des gesetzten Zieles „Assoziieren"

20.06.03
1. Bildbetrachtung: TN erhält ein Bild (naive Malerei) und soll, nach Betrachtung, mit den visuell erfassten Motiven Gedanken verknüpfen. Beispiel: Der blühende Baum verrät die Jahreszeit, der Baustiel der Häuser gibt Aufschluss über das Land oder die Gegend.
2. Würfelspiel mit Karten des Vertellekesspiel: Auf dem Tisch liegt ein Stapel ausgesuchter Karten mit je 6 Assoziationsaufgaben. Beispiel dieser Aufgaben: Nennen Sie Dinge, die überwiegend gelb, blau, grün usw. sind oder was fällt Ihnen zu Hausputz, Wohnzimmer oder Sommerbekleidung ein oder nennen Sie typische Speisen aus Schleswig-Holstein, Schwaben oder Bayern oder nennen Sie Berufe, in denen man viel reden muss, in denen man besonders freundlich sein muss oder die überwiegend von Männern ausgeübt werden. Ein TN würfelt und hebt die oberste Karte vom Stapel. Durch die Würfelzahl wird die jeweilige Frage festgelegt. Die Fragen werden von allen TN beantwortet.

27.06.03
1. Wortsammlung: TN sollen reihum auf die Frage: „Was fällt Ihnen zu dem Wort Garten ein?" antworten. Sie sollen Ihre Gedanken mit diesem Wort verknüpfen ....Assoziieren....
2. Formulieren: Zu dem Thema Garten soll ein Elfchen erstellt werden, d.h. nach einem bestimmten Schema wird gedichtet. 11 Worte = 1. Reihe ein Wort / 2. Reihe zwei Worte / 3. Reihe drei Worte / 4. Reihe vier Worte / 5. Reihe ein Wort. Die Gedanken sollen dabei mit dem Thema Garten verknüpft werden.
3. Worte merken: KL nennt zehn Wortpaare, je immer zwei Worte zusammen. TN sollen in Gedanken dieses Wortpaar miteinander verknüpfen. Beispiel: Tisch und Ball, Schuh und Zahncreme, Buch und Fahrrad usw. In der Wiederholung liest der KL nur noch den ersten Teil des Wortpaares. Das zweite Wort sollen die TN aus der Erinnerung aufschreiben.
4. Formen gestalten: TN erhalten Arbeitsblatt mit verschieden großen Kreismotiven. „Was kann aus einem Kreis entstehen?" TN sollen nach eigenen Ideen die Kreise gestalten und die Gedanken mit ihren Vorstellungen verknüpfen.

04.07.03
1. Wortsammlung: TN sollen reihum auf die Frage: „Was kann eine Hand alles tun?" antworten. Mit dem Wort Hand Gedanken verknüpfen, verbinden.
2. Wortsammlung: a) KL legt eine Damenhandtasche auf den Tisch. „Was kann eine Damenhandtasche enthalten?" TN notieren ihre Gedanken, die sie mit der Damenhandtasche verbinden. b) KL legt Karte mit dem Begriff „Handarbeit" auf den Tisch. Auch hier sollen die TN ihre Gedanken mit dem Wort assoziieren.
3. Tasten: KL gibt zehn verschiedene Teile ungesehen unter den Tisch durch die Reihen. TN ertasten die Gegenstände und notieren die erkannten Teile. Dazu soll die Beschaffenheit bzw. die Eigenschaft erkannt und notiert werden.
4. Verben zuordnen: Auf einem Arbeitsblatt sollen die TN zu Hause 20 Aufgaben bearbeiten. Sie sollen den vorgegebenen Subjektiven Verben zu ordnen.
Beispiele: Durst - Meldung – Feuer   *(löschen)*
              Tee – Schnur – Schmerzen   *(ziehen)*
              Brot – Herz – Bein   *(brechen)*

11.07.03
1. Eigenschaften zuordnen: TN ziehen zwei Karten mit je einer Eigenschaft. Es sollen Dinge oder Gegenstände genannt werden, die diese Eigenschaften besitzen. Es wird reihum gespielt. Alle sollen bei jeder Frage nachdenken und antworten.

Hedwig Zaeck   Gedächtnistraining

4. Woche   Test 2   Assoziieren

Übung A
Welche Begriffe oder Symbole fallen Ihnen zu folgenden Tieren ein?

Maus _____

Pferd _____

Rabe _____

Schwein _____

Adler _____

Übung B
Ordnen Sie den unten stehenden Begriffen jeweils drei Personen zu (real oder fiktiv)

Geige   forschen   reich

_____   _____   _____

_____   _____   _____

_____   _____   _____

Buch   singen   dick

_____   _____   _____

_____   _____   _____

_____   _____   _____

Übung C
Was kann man alles lüften?

Was kann man alles einnehmen?

Übung D
Vier Wörter haben ein gemeinsames Bezugswort

Klavier – Kirche – Vogel – Fenster   _____

Lehrling – Nagel – Schreibgerät – Kloster   _____

Vogel – Schreibgerät – Körpergewichtsklasse – Bett _____

L   Auswertung
Jede Antwort ergibt einen Punkt, außer bei Übung D. Hier ergibt jede Antwort fünf Punkte.

1. Woche   Assoziation   Test 1
10 Minuten

	TN A	TN B	TN C	TN D	TN E	TN F
Übung A *5 Aufgaben beliebig viele Antworten*	14	5	12	7	12	5
Übung B *18 Antworten möglich*	16	6	18	6	18	17
Übung C *beliebig viele Antworten*	8	3	3	5	6	11
Übung D *3 Antworten möglich mit 15 Punkte*	0	0	0	0	10	0
Gesamtpunktzahl	38	14	33	18	46	33

4. Woche   Assoziation   Test 2
10 Minuten

	TN A	TN B	TN C	TN D	TN E	TN F
Übung A *5 Aufgaben beliebig viele Antworten*	18	6	20	5	18	15
Übung B *18 Antworten möglich*	14	5	16	12	18	12
Übung C *beliebig viele Antworten*	7	5	7	8	7	7
Übung D *3 Antworten möglich mit 15 Punkte*	15	0	5	0	10	10
Gesamtpunktzahl	54	16	48	25	53	44

M   Reflexion

Die Teilnehmer machten den Test ohne Widerstand mit. Es kam wohl die mehr humorvolle Bemerkung: „Jetzt müssen wir auch noch Arbeiten schreiben".

Beim **Assoziationstest 1** lag eine leichte Spannung im Raum. Die Teilnehmer stellten wiederholt Fragen zu den aufgeführten Übungen. Die Erklärungen zu den Übungen wurden z.T. nicht oder nur oberflächlich gelesen. So kam es bei zwei Teilnehmern auch zu Fehlern in der Bearbeitung. Für einige Teilnehmer reichte die Zeit von 10 Minuten nicht aus.
Das Blatt zum **Assoziationstest 2** habe ich nur noch kurz angekündigt. Der Test verlief spannungsfreier und die Teilnehmer konnten alle Übungen von A – D innerhalb von 10 Minuten bearbeiten.
Wie in der Auswertung zu sehen ist, haben sich alle Teilnehmer in der Punktzahl verbessert,
gleichwohl sie nicht alle bei jeder Übung mehr Punkte erreichten. Ausschlaggebend für die höhere Punktzahl war die Vertrautheit mit den Übungen, die durch das verstärkte Assoziationstraining entstand. Dadurch hatten die Teilnehmer in Test 2 mehr Sicherheit und konnten in der zur Verfügung stehenden Zeit den ganzen Test von A – D bearbeiten.

Die Antwort auf die Masterfrage: Ist es möglich, innerhalb von 4 Wochen das Trainingsziel Assoziieren mit meiner Gedächtnistrainingsgruppe zu verbessern? ist folgende. Da die Teilnehmer seit längerem ihr Gedächtnis trainieren, ist das Maß an Leistung geringfügig und nur Stück für Stück steigerbar, bedingt durch die entstandene Vertrautheit mit der Übung und die Routine Gedanken zügig miteinander zu verknüpfen. Es entstand dadurch Sicherheit und das Arbeitstempo konnte langsam gesteigert werden.

Eine interessante Feststellung hat sich bei der Auswertung ergeben. Die höchsten Punktzahlen wurden von Herrn A. und Frau E. erreicht. Sie sind mit ihren 86 Jahren die ältesten Mitglieder der Gruppe. Das Gedächtnis kann also bis ins hohe Alter mit Erfolg trainiert werden.

Ich fand die Durchführung der Evaluation sehr spannend.
Eine Evaluation bringt gesicherte Erkenntnisse, die sonst nur erahnt werden. Diese Erkenntnisse lassen mich als Gedächtnistrainerin mit Gelassenheit in die Zukunft schauen.

Gezieltes Gedächtnistraining führt zur Steigerung der vorhandenen Kapazitäten.

IV. Glossar

Alltagsevaluation

Im Arbeitsalltag ist es oft so, dass die Bewertung einer Trainingsstunde intuitiv erfolgt. Das Erfolgsgefühl setzt sich zusammen aus der Beobachtung der TN und deren Reaktionen (Beifall), persönliche Zusprache, Aussagen: „Das hat heute aber Spaß gemacht." und der Selbstbeobachtung aus der Sicht der Kursleitung.
Irgendjemand beurteilt irgendetwas nach irgendwelchen Kriterien.
Diese Form der Evaluation ist sehr anfällig für Beobachtungsfehler.

Dekodieren

Das Abrufen von Informationen nennt man Dekodieren. Es ist ein aktiver Vorgang, mittels dessen der Arbeitsspeicher Informationen aus dem Langzeitspeicher ans Licht bringt = Erinnern von Gedächtnisinhalten.
Die neuropsychologische Diagnostik untersucht verschiedene Abrufarten von Informationen aus dem Langzeitgedächtnis (Markowitsch)
1. Freier Abruf / Reproduktion ohne Vorgaben
   Bsp.: Wie heißt die Königin von Spanien?
2. Abruf mit Hinweisreizen / Assoziative Dekodierung
   Bsp.: Wie heißt die Königin von Spanien / Fängt mit I an
3. Wiedererkennungsbedingungen mit Vorgabe / Multiple Choice Verfahren
   Bsp.: Wie heißt die Königin von Spanien: Beatrix, Elizabeth, Fabiola, Isabella oder Sylvia?
   Bsp.: Es können 5 Bildporträts vorgegeben werden - mit der Fragestellung: Wer davon ist Marilyn Monroe....

Demenz, Kommunikation

(vgl. Jennie Powell, KDA, 2002[4])

„Erfolgreiche Kommunikation geschieht, wenn von einer Person die Gedanken einer anderen Person richtig verstanden werden. Die demenzielle Erkrankung beeinträchtigt das Zusammenspiel vieler Fähigkeiten, die für den Ablauf sprachlicher Prozesse wichtig sind. Im Gehirn treten Schwierigkeiten auf, die richtigen Wörter für Gedanken zu finden. (Wortfindungsschwierigkeiten)
Folgende Auffälligkeiten werden von Pflegenden genannt:
- Die Person wiederholt ständig ein und dieselbe Frage.
- Sie erzählt immer wieder dasselbe.
- Sie hat Probleme, sich an Namen von Menschen, Orten und Objekten zu erinnern.
- Sie spricht die ganze Zeit nur über die Vergangenheit.
- Die Person driftet immer wieder vom Gesprächsthema ab.
- Die Person hat Probleme, einem Gespräch zu folgen, vor allem dann, wenn mehrere Leute sprechen.
- Die Person sieht etwas, was gar nicht da ist.
- Sie behauptet falsche Dinge.

---

[4] Powell, J. (2002). *Hilfen zur Kommunikation bei Demenz.* Köln: KDA. (www.kda.de)

Demenz, Verlauf

Der Verlauf einer Demenz ist progressiv und individuell verschieden. Funktionsweisen und Leistungsfähigkeit des Gehirns verändern sich laufend. Eine Vielzahl von Störungen in diversen Hirnregionen und Systemen ist für die Gedächtnisfunktionen mitverantwortlich. Ein signifikantes Symptom sind Störungen der Merkfähigkeit und des Kurzzeitgedächtnisses. Wortfindungsstörungen beeinträchtigen die Kommunikationsfähigkeit. Orientierungsstörungen beginnen das Leben zu erschweren, alltägliche Verrichtungen werden zu einer schwer zu bewältigenden Aufgabe. Die Veränderungen verunsichern die Betroffenen. Um Missgeschicke zu vermeiden, ziehen sie sich oftmals aus dem sozialen Umfeld zurück.

Enkodieren

Die Überführung von Informationen durch den Arbeitsspeicher in den Langzeitspeicher nennt man Enkodieren.

Evaluation

- Evaluation (lat.) „Beurteilung, Bewertung" (Wörterbuch)
- Evaluation sollen alle jene Handlungen heißen, die dazu dienen, den Grad der Reflexion von oder in Lernsituationen zu erhöhen.
  ursprünglich: quantitative Erhebung
  jetzt: qualitative Zielsetzung, Begleitung eines Prozesses
- Evaluation in der Forschung:
- Zweck- und zielorientierte Bewertung von Maßnahmen oder Interventionen anhand systematisch angewandter wissenschaftlicher Forschungsmethoden und -techniken
- Evaluation ist in der Trainingpraxis zu verstehen als Erfolgs-, Wirkungs- und Qualitätskontrolle.

Gedächtnisstrategien (die in besonderer Weise bei dem Forschungsprojekt des BVGT mit der Universität Heidelberg eingesetzt wurden)

Man muss die Strategie kennen,
man muss seine Ressourcen besser ausnutzen wollen,
man muss motiviert sein,
man muss seine Aufmerksamkeit auf etwas richten wollen.

Organisation

Externale Organisation =
ein fester Platz für Hausschlüssel, Routine z.B. beim Autofahren oder die Verwendung von Kalendern und Notizen.
Internale Organisation =
bereits bestehende Ressourcen und Informationen werden genutzt, um neue Informationen leichter zugänglich zu machen.
(Einordnen in Kategorien, Strukturieren, die Informationen werden geordnet, ergänzt und erkannt und prägen sich so besser ein.)

Assoziation

Verknüpfung neuer Informationen mit bereits gespeicherten. Neues wird mit bereits Bekanntem verglichen und verknüpft. Jede Art von Verknüpfung (Bedeutung,

Klang, Reim, Anfangsbuchstaben etc.) kann benutzt werden. Je mehr solcher Gedankenverbindungen genutzt werden, desto besser funktioniert das Gedächtnis.

ÜFLAT - Technik
Strategie zum Erinnern von Texten (Erzähltexte oder Sachtexte)
5 – Schritte:
Überblick = einen ersten Überblick über den Text gewinnen
Fragen = Fragen an den Text stellen
Lesen = Den Text mit Blick auf die Fragen sorgfältig lesen
Aussagen = Die wesentlichen Aussagen des Textes vergegenwärtigen und sich in Erinnerung rufen
Testen = Testen Sie Ihr Wissen, indem Sie versuchen, die Fragen zu beantworten.

Hemisphärenalphabet

Die Buchstaben des Alphabets sind auf einem DIN A 4 Blatt gedruckt und darunter jeweils ein L, R, B. Bei L wird der linke Arm gehoben, bei R der rechte, bei B beide. Das ABC soll laut vorgelesen und die jeweils darunter stehende Bewegung soll gleichzeitig ausgeführt werden.

A	B	C	D	E	F	G	H	I	J	K	L	M	N	O	P	Q	R	S	T	U	V	W	X	Y	Z
L	R	B	R	B	L	L	R	B	R	L	R	B	L	R	B	L	R	B	B	R	L	R	B	L

Intelligenz, Flüssige oder fluide

umschreibt das geistige Potenzial, das bei allem Neulernen und Problemlösen eine Rolle spielt wie etwa die Kombinationsfähigkeit, Flexibilität und Orientierung in neuer Situation.

Intelligenz, Kristalline

Das Allgemeinwissen, der Wissens- und Erfahrungsschatz, jene Fähigkeiten und Fertigkeiten, die zur Lösung bekannter Probleme benötigt werden, wird kristalline Intelligenz genannt.

Kim-Spiele

Im Gedächtnistraining sind Wahrnehmungsübungen von besonderer Bedeutung. Diese Sinnesübungen sind auch unter dem Namen „Kimspiele" bekannt. „Kimspiele" wurden nach dem Buch „Kim" von Rudyard Kipling (1865 - 1936) benannt.

Langzeitgedächtnis

Die dauerhafte Speicherung und der Abruf von Informationen erfolgt im Langzeitgedächtnis. Es bildet ein lebenslanges Reservoir an Informationen.
Unterteilung des Langzeitgedächtnisses (nach Markowitsch):
1. episodisch - autobiografisches Gedächtnis = Gedächtnis für Ereignisse
2. Wissen- und Kenntnissystem = Faktengedächtnis
3. das prozedurale Gedächtnis = Gedächtnis für motorische Fähigkeiten
4. Priming = unbewusstes Gedächtnis, Assoziationsverknüpfung

Lerntypen

Menschen unterscheiden sich nach dem Lerntypus. D.h. beim Lernen werden bestimmte Eingangkanäle bevorzugt. Dies wirkt sich auch auf das Gedächtnis und das Denken allgemein aus. In der Literatur finden sich verschiedene Einteilungen und Charakterisierungen von (bis zu elf) Lerntypen und entsprechende Tests.

- Visueller / optischer Lerntyp, lernt durch:
  Sehen, Lesen, Beobachten, bildhaftes Denken
- Akustischer / auditiver Lerntyp, lernt durch:
  Hören, Sprechen, Kommunikation, Geräusche
- Motorischer / kinästhetischer Lerntyp, lernt durch:
  Bewegungsabläufe, tätiges Handeln, Ausprobieren
- Haptischer Lerntyp, lernt durch:
  Tastsinn, Berühren, Hautkontakt
- Intellektueller / abstrakt-verbaler Lerntyp, lernt durch:
  Intellekt, Abstraktion
- Kombinierter Lerntyp, lernt durch:
  möglichst viele Sinneskanäle

Die meisten Menschen gehören dem kombinierten Lerntyp an.

Das Einprägen und Abrufen von Lerninhalten wird auch durch Geruch und Geschmack unterstützt und verstärkt.

Olfaktorischer Sinn: Erinnern wird unterstützt durch den Geruchssinn
Gustatorischer Sinn: Erinnern wird unterstützt durch den Geschmackssinn

Loci-Methode

Zu den ältesten Methoden, bei denen das bildhafte Vorstellungsvermögen eingesetzt wird, gehört die so genannte „Loci-Methode". (Loci (lat.) = Plätze, Orte).

Bei dieser Methode stellt man sich zunächst einen Weg bildlich vor, den man genau kennt, den Weg durch die eigene Wohnung, zum Arbeitsplatz usw. Es kann aber auch eine Reise durch den Körper sein; die „Merk-Stationen" sind dann einzelne Körperteile. Im nächsten Schritt muss man diesen Weg in Gedanken gehen und mit jedem markanten Punkt (oder Körperteil) einen der zu erlernenden Begriffe verbinden.

Die Loci-Methode eignet sich besonders für Zusammenstellungen von Begriffen, insbesondere dann, wenn Reihenfolge dieser Begriffe wichtig ist. Mit Hilfe der Loci-Methode lassen sich z.B. auch die Stichpunkte für eine Rede gut einprägen.

Trainingsziele des ganzheitlichen Gedächtnistrainings

Wahrnehmung

Etwas bewusst mit einem, mehreren oder allen Sinnen aufnehmen.

Mit Hilfe der Sinne nimmt der Mensch seine äußere Umwelt auf. Erinnerungen werden häufig durch Sinneswahrnehmungen angeregt und verstärkt. Durch spezielle Sinnesübungen wird die Wahrnehmungsfähigkeit geschult und geschärft.

Konzentration

Die ungeteilte Aufmerksamkeit auf eine Sache lenken.

Konzentration bedeutet geistige Sammlung, gezielte Lenkung auf bestimmte Erlebnisinhalte (Wahrnehmungen, Gedanken, Handlungen). Konzentration ist die Voraussetzung für die Merkfähigkeit. Ohne Konzentration werden Informationen nicht richtig aufgenommen und können demzufolge auch nicht gespeichert werden.

Merkfähigkeit
Die Fähigkeit, Wahrnehmungen kurzfristig und langfristig zu speichern.
Die Merkfähigkeit ist abhängig von Interesse, Motivation, Konzentration sowie psychischer und physischer Verfassung. Ohne Merkfähigkeit keine Lernfähigkeit!

Wortfindung
Abrufen von Wörtern aus dem Wortspeicher.
Die Wortfindung betrifft den aktiven und passiven Wortschatz. Je größer dieser Wortschatz ist, desto mehr Alternativen stehen bei der Wortwahl zur Verfügung. Ein großer Wortschatz verbessert die Kommunikationsfähigkeit. Er ist je nach Alter, Beruf und Interessen unterschiedlich.

Formulierung
Einen Sachverhalt oder Gedanken in sprachlich richtiger Form ausdrücken.
Formulieren setzt u.a. Wortfindung, Grammatik und Denken in Zusammenhängen voraus.
Formulieren dient dazu, sich mitzuteilen, trägt aber auch dazu bei, sich selbst über etwas klar zu werden.

Assoziatives Denken
Verknüpfung neuer Informationen mit bereits gespeicherten.
Beim assoziativen Denken werden Gedankenverbindungen hergestellt. Neue Informationen werden mit bereits Bekanntem verglichen und verknüpft. Durch das assoziative Denken werden Lernprozesse erleichtert. Je mehr solcher Gedankenverbindungen verknüpft werden, desto besser funktioniert das Gedächtnis.

Logisches Denken
Folgerichtiges, schlüssiges Denken auf Grund gegebener Aussagen.
Logisches Denken ist von der Vernunft geleitetes, rationales Denken. Logische Aussagen sind auf Grund gegebener Prämissen nachvollziehbar und nachprüfbar. Die Fähigkeit zum logischen Denken ist ein wichtiger Aspekt bei der Lösung von Problemen.

Strukturieren
Inhalte nach einem Bezugs- oder Regelsystem aufbauen und gliedern.
Beim Strukturieren werden Informationen geordnet und ergänzt und Zusammenhänge erkannt. Strukturierte Informationen prägen sich besser ein.

Urteilsfähigkeit
Treffen einer Entscheidung nach Abwägen aller bekannten Fakten.
Eine Meinung über Sachverhalte, Ereignisse und Personen wird gebildet.

Fantasie und Kreativität
Fantasie ist die Vorstellungs- oder Einbildungskraft. Kreativität ist die Fähigkeit zu schöpferischen Einfällen und zum Finden neuer Lösungen.
Fantasie ist das Verlassen gewohnter Denkbahnen zu neuen Dimensionen.
Kreativität bedeutet im Gedächtnistraining das Umsetzen bereits bekannter Dinge in neue Zusammenhänge. Das bildhafte Vorstellungsvermögen wird genutzt. (rechte Hemisphäre).
Auch das kreative Umgehen mit Sprache gehört in diesen Bereich.

Denkflexibilität
Fähigkeit, auf wechselnde Situationen schnell zu reagieren.
Die geistige Beweglichkeit bewirkt Flexibilität im Denken und Handeln.

Redaktionelle Bearbeitung

Yves Bellon,   M.A. (Pädagogik),
                Mitarbeiter des Instituts für Gerontologie der Universität Heidelberg
                Heidelberg

Anne Halbach,   Autorin und Ausbildungsreferentin für Gedächtnistraining,
                Windeck-Herchen

Barbara Kerkhoff,   Dipl. Sozialpädagogin,
                    Dipl.-Sozialgerontologin,
                    Ausbildungsreferentin für Gedächtnistraining,
                    Siegen

Monika Rostock,   Lehrerin,
                    Ausbildungsreferentin für Gedächtnistraining,
                    Wiehl

Anschrift des Herausgebers:

Bundesverband Gedächtnistraining e.V. (BVGT)

Geschäftsstelle: Friedensweg 3
                    57462 Olpe-Dahl
                    Internet: www.bv-gedaechtnistraining.de
                    E-Mail: info@bv-gedaechtnistraining.de